Die Texte entstammen Kolumnen der WELT AM SONNTAG
und der BERLINER MORGENPOST.

Gabriella Pape
beantwortet die wichtigsten Gartenfragen

* * *

Alles, was Sie schon immer übers Gärtnern wissen wollten

CALLWEY

Inhalt

. . . .

Wenn Sie diese Wunder der

Schöpfung sehen, das Herauswinden

der Blüten, das Leuchten der

ersten Farben, dann werden Sie erleben,

was ich unter „Kribbeln" verstehe.

. . . .

Das Kribbeln beginnt

▶............................ DER MORGENDLICHE BLICK AUS DEM FENSTER
VERHEISST NICHTS GUTES: es ist grau und regnerisch. Aus der verzaubernden Schneewelt ist eine graue, unansehnliche Masse geworden, für die nicht nur die Stadtreinigung zuständig sein sollte. Viele
Menschen gehen mit den gleichen grauen, betrübten Gesichtern
durch die Straßen. Einige aber begegnen uns mit einem geheimnis-
vollen Lächeln auf den Lippen, sie ahnen und sehen wahrscheinlich
schon den Frühling. Vermutlich wurden sie von den ersten Köpfen
der Schneeglöckchen *(Galanthus nivalis)* überrascht, den prall gefüllten Knospen der Zaubernuss *(Hamamelis)* und natürlich den strahlenden Blüten der Christ- oder Lenzrosen *(Helleborus × orientalis)*.
Auch diejenigen, die keinen eigenen Garten besitzen, können sich
den Frühling ins Haus holen. Bei mir setzt im Januar bereits das
Frühlingskribbeln ein. Unsere Gärtner bringen die ersten blühenden
Zwiebeln aus den Häusern in den Mittelgang, der sofort von wun-
derbarem Duft erfüllt wurde. Besonders die gelben Primeln *(Primula
acaulis)* verströmen diesen Frühlingsduft. Eine andere, *Primula malacoides*, wird besonders von älteren Damen mit Frühling in Verbindung gebracht. Sie können selbst Zwiebeln auf der Fensterbank in
Töpfe stecken oder Hyazinthen vortreiben.
Häufig wird mir die Frage gestellt, warum die Zwiebeln nur Blätter
und keine Blüten treiben. Hierfür kann nicht immer ein bestimmter
Grund genannt werden, weil verschiedene Ursachen dafür verantwortlich sein können. Es kann sowohl an der Beschaffenheit der
Zwiebel selbst als auch an deren Behandlung liegen. Einerseits kann
es sein, dass die Zwiebel von schlechter Qualität ist, kaufen Sie diese
daher nur im Fachhandel - der Supermarkt ist keine Pflanzenbezugs-
quelle. Andererseits dürfen die Töpfe nicht zu warm und nicht zu hell
stehen, bevor die Wurzeln den Topf durchzogen haben. Und wenn
die Töpfe zu feucht gehalten werden, faulen die Wurzeln leicht ab.

Sollten Sie diese einfachen, aber wichtigen Regeln berücksichtigen, wird es Ihnen gelingen, eine Blütenpracht hervorzuzaubern.

.... *Es gibt neben den Hyazinthen noch viele andere Schönheiten für Ihr Zimmer. Ganz oben stehen bei mir die Traubenhyazinthen* (Muscari), *Krokusse* (Crocus), *einige Narzissen, wie die Duft-Narzisse und die gelbblühende Sorte 'Tete-a-Tete'.* ....
..

Auch die Blausternchen (Scilla sibirica), Zwiebel-Iris (Iris reticulata) sowie *Anemone blanda* eignen sich hervorragend für die Wohnung. Ihre Zwiebeltöpfchen fühlen sich ganz besonders wohl, wenn sie in die Zwischenräume der Doppelfenster eines Altbaus gestellt werden. Dort stehen die Töpfe hell und kühl. Wenn Sie diese Wunder der Schöpfung sehen, das Herauswinden der Blüten, das Leuchten der ersten Farben, dann werden Sie erleben, was ich unter „Kribbeln" verstehe. Und sollten Sie zu den Zwiebelliebhabern zählen, die es vor dem Wintereinbruch nicht geschafft haben, Zwiebeln zu stecken, seien Sie nicht verzagt. Sie haben jetzt noch die Möglichkeit, die Zwiebeln in Töpfe einzupflanzen. Bereiten Sie Ihre Töpfe dafür entsprechend vor: Vor dem Einfüllen der Erde wird das Abflussloch mit einer Tonscherbe oder einer Schicht grobem Kies abgedeckt. Verwenden Sie bitte hochwertige Blumenerde. Gesteckt werden die Zwiebeln genau wie im Freiland, die Pflanztiefe entspricht etwa der doppelten Zwiebelstärke. Halten Sie die Töpfe kühl, sie können auch schon auf den Balkon gestellt werden.
Und noch ein Appell an die Gartenbesitzer: Auch wenn das Kribbeln Sie nicht nur im Bauch, sondern ebenso in den Händen erreicht hat, geben Sie dem Garten noch ein bisschen Zeit.

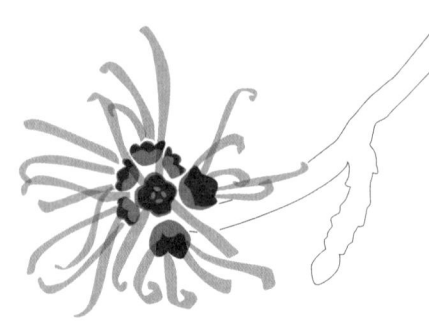

Zauber im Garten

▶............................ DIE ENDLOSE ZEIT DES WARTENS auf den Frühling scheint kein Ende zu nehmen und in unseren Gefilden herrscht
stilles, weißes Schweigen, nichts blüht, obwohl die Tage langsam länger werden. Gibt es nicht vielleicht doch eine Pflanze, die sich traut
in diesen so langen Wintermonaten, in denen wir nichts anderes
machen als unsinnigen Diäten nachzugehen und uns in Fitnessstudi-
os die Seele aus dem Leib trainieren, die uns anzeigt, dass doch alles
wieder gut und schön wird? Doch, es gibt sie, und sie trägt sogar den
romantischen Namen: Zaubernuss. Leider wird dieser erste Bote der
Zuversicht bei uns viel zu wenig angepflanzt.

.... *Für mich ist der Winter vorbei, wenn die Zaubernuss
blüht und das kann oft schon zu oder kurz nach Weihnachten sein. Dann
blüht dieser bezaubernde Zierstrauch oft bis in den späten Frühling, also
bis Februar/März.* ....

Es ist ein ausgesprochen zurückhaltender, aber sehr bizarr und schön
gewachsener Strauch, der im Sommer im Garten nicht besonders
auffällig ist. Sein Auftritt ist im Winter, wenn alle anderen schlafen,
dann ist er der Star, und daher sollte dieser Strauch viel öfter Einzug
in unsere im Winterschlaf liegenden Gärten halten, am besten gleich
in den Vorgarten. Denn nicht nur sind seine gelben, orangen oder
gar roten Blütenfäden eine zauberhafte Augenweide, viele von ihnen
verströmen auch einen betörenden feinen Honigduft, vor allem bei
Sonnenschein, sodass man beim Vorbeigehen immer eine kleine
Vorahnung vom kommenden Frühling geschenkt bekommt.
Natürlich sind solche köstlichen Pflanzen hier nicht einheimisch,
zwei Arten kommen aus Nordamerika und die anderen beiden aus
Asien. Namentlich gibt es zwei von mir bevorzugte Arten: *Hamamelis
japonica* (aus Japan) und *Hamamelis mollis* (aus China). Schön ist der

Gedanke, dass eine Hybride aus den beiden dann *Hamamelis × intermedia* heißt – finde ich zumindest. Alle Arten und Sorten sind bei uns völlig winterhart, da sie aus sehr kalten Regionen Asiens und Nordamerikas kommen. Wie sie es bewerkstelligen, auch zu den kältesten Jahreszeiten ohne Frostschäden zu blühen, ist mir noch immer ein Rätsel, die von keiner anderen mir bekannten Pflanze kopiert wird. Die Tatsache, dass diese Sträucher so früh blühen, hat für sie natürlich den Vorteil, dass sie bei der Wahl der bestäubenden Insekten völlig konkurrenzlos sind, was auch an diesem Strauch im frühsten Frühjahr zu sehen ist.

Kaum herrscht ein sonniger, warmer Frühjahrstag, frohlocken alle Bienen, Hummeln – und verzückte Gartengestalter –, um diesen Strauch, um seine Düften und den Zauber zu genießen.

Von der Chinesischen Zaubernuss gibt es auch orangefarbene und rote Sorten, die wohl bekannteste Sorte ist *Hamamelis × intermedia* 'Jelena' nach einer außergewöhnlichen Pflanzenkennerin und Dendrologin (Baumspezialistin) namens Jelena de Belder benannt. Sie hat zusammen mit ihrem Mann Robert und ihrem Schwager Georges im Arboretum in Kalmtout (Belgien) eine der größten und sehenswertesten *Hamamelis*-Sammlungen angelegt, die es wohl in unseren Breitengraden gibt. Wenn es Sie einmal im Winter oder im frühen Frühjahr in einen Garten in Belgien ziehen sollte: Das Arboretum von Kalmtout bei Antwerpen steht dann in voller Blüte.

Der *Hamamelis* braucht völlige Einzelstellung und vor allem guten, reichhaltigen und sauren Boden. Alkalischen schweren Boden mag dieser Strauch gar nicht. Ein weiteres Plus ist die Herbstfärbung: Besonders die nordamerikanischen Arten *Hamamelis vernalis* und *H. virginalis* haben eine zauberhafte, orangefarbene Herbstfärbung, die sie an mehrere Hybriden weitergegeben haben.

Nun also doch noch einmal einen Appell an Sie und Ihre Vorgärten: Schmeißen Sie doch einfach den tristen Kriechwachholder raus und ersetzen Sie ihn durch eine Zaubernuss. Sie werden ganz neue Seiten an sich entdecken und sich fragen, warum Sie das nicht schon lange gemacht haben.

Eis und Schnee – juchhe?

▸.............................. DER GARTEN IST, BIS AUF WENIGE PFLANZEN,
ÜBER SCHNEE WESENTLICH GLÜCKLICHER als mit eisiger und vor
allem windiger Kälte. Es ist ein Trugschluss zu glauben, dass Schnee
der echte Feind des Gartens ist, denn im Gegensatz zum Frost quält
er die Pflanzen nicht, sondern schützt sie vor kalten, austrocknenden
Winden, die wesentlich mörderischer für fast alle Pflanzenteile sind,
seien sie ober- oder unterirdisch. Es ist sozusagen der Iglu-Effekt,
der die Pflanzen unter dem Schnee schützt. Die schneereichen
Winter der letzten Jahre haben daher eher im milden England an
üppigen Buchspflanzungen und anderen weichholzigen, immergrünen Pflanzen für Schaden gesorgt, von denen viele bei uns gar nicht
winterhart sind wie *Garrya elyptica, Viburnum tinus, Hebe.* Doch findet
dieser Schaden ausschließlich überirdisch statt, durch Schneebruch.
Es ist von daher auch in unseren Gefilden ratsam, regelmäßig den
Schnee von großen Sträuchern und vor allem von Buchskugeln abzu-
schütteln, da diese sich sonst nie wieder in ihre ursprüngliche Form
zurückbringen lassen. Ebenfalls gefährdet sind Kamelien, Rhododendren und immergrüne Magnolien wie *Magnolia grandiflora.* Dies sind
alles Pflanzen die, außer dem Rhododendron, in ihrer Heimat nur
sehr selten und wenn, dann wenig Schnee zu tragen haben. Sie alle
brechen leicht und sollten dringend vom Schnee befreit werden, da
sonst ihre Äste brechen oder sich unwiderruflich verformen.
Rosen hingegen macht der Schnee gar nichts, ganz im Gegenteil.
Schnee hat nämlich die Eigenschaft, den Boden mit der Schmelze
gleich zum frühen Frühjahr mit reichlich Wasser zu beglücken, das
sich in den feinen Poren des getauten Bodens hält, bis die Pflanzen-
wurzeln erwachen und es sich zunutze machen können.
Das Gleiche gilt übrigens auch für fast alle Stauden, also nicht verholzende Pflanzen mit unterirdisch überwinternden Wurzeln. Bis auf
ein paar mediterrane Kandidaten wie Lavendel und Thymian lieben

Pflanzen es, wenn der schmelzende Schnee den langsam entfrostenden Boden mit seinem köstlichen Wasser tränkt. Er quillt förmlich auf und sackt dann in sich zusammen, was den Pflanzen einen traumhaften Start in das Frühjahr gewährt.

.............................*Auch um Zwiebeln, die im Herbst gesetzt wurden, braucht man sich wesentlich weniger Sorgen zu machen als angenommen, denn auch sie ziehen einen satten, feuchten Boden im Frühjahr vor.* ....

Wichtig ist natürlich, dass das Wasser frei ablaufen kann. Ein verdichteter Boden kann nach Schneefall fatal sein, da die Pflanzen im Frühjahr dann zu lange im Wasser stehen und regelrecht verfaulen. Machen Sie sich aber keine unnötigen Sorgen um Ihre Lieblinge im Garten, die einzige Pflanze, die mir einfällt, die wahrscheinlich nach einem harten Winter neu gekauft werden muss, ist der Lavendel, aber den sollte man sowieso ab und an mal erneuern, denn er mäkelt ja bereits nach drei bis vier Jahren in unseren Gärten rum. Wenn man es sich einmal richtig überlegt, ist es schon beeindruckend, dass die meisten Pflanzen in bestimmten Regionen unseres Landes 60 Grad Temperaturschwankungen zwischen Sommer und Winter aushalten müssen, denn nicht selten herrschen zum Beispiel in Berlin -22 Grad im Winter und 38 bis 39 Grad im Sommer.

Sehr verehrte Frau Pape,
der harte Winter hier im Harz hat die Rosen ganz schön herunter-
frieren lassen, aber gottlob schlagen sie fast alle unten wieder aus, zu
meiner großen Freude. Aber die ersten zarten Blättchen rollen sich
schon wieder zusammen, kann ich denn jetzt schon spritzen? Ich
bin eigentlich kein Freund von Gift, zumal bald die ersten Vögelchen
schlüpfen.
Seien Sie gegrüßt, E. H.

Liebe Gärtnerin,
mit dem Problem sind Sie ganz sicher nicht allein, aber die Ursache
ist nur in den seltensten Fällen bei der Rose zu suchen, sondern fast
immer im Boden, und obwohl es die letzten Wochen hier und da
recht viel geregnet hat, ist es fast immer ein Wasser- und ein Nähr-
stoffproblem. Wir haben zu hohe Erwartungen an die Königin der
Blumen. Wenn eine Rose ihre letzte Kraft aufnimmt und sich nach
diesem harten Winter doch noch einmal aufrafft, um uns zu beglücken, dann braucht sie an erster Stelle viel, viel Wasser und schnell
zugänglichen Dünger, der sie kräftig macht. Deshalb hat man früher die Rosen über den Winter 25 bis 35 cm hoch mit abgelagertem
Pferdemist angehäufelt. Dieser Mist (mit viel Ammoniumstickstoff,
der für die Pflanze in dieser Form nicht nutzbar ist) hat sich dann
über die Wintermonate in aller Ruhe abgebaut und in Nitratstick-
stoff umgewandelt, welcher dann im frühsten Frühjahr den Rosen
zur Verfügung stand. Und so sind sie, natürlich geschützt durch Mist
und Tannengrün, im Frühjahr gesund und strotzend aus dem Boden
geschossen.
Langer Rede kurzer Sinn: Wenn wir Rosen mager halten, also ohne
zusätzliche Wasser- und Düngergaben, besonders zur Austriebs- und
Blütezeit, werden sie schwach und anfällig und alle Schädlinge der
Welt stürzen sich auf sie. Gesunde Pflanzen sind weniger anfällig.
Versuchen Sie es und schreiben Sie mir, ob Sie Erfolg hatten.

Sehr geehrte Frau Pape,
ich habe seit einigen Jahren eine Kamelie, damals ca. 1,5 m hoch,
gepflanzt die anfangs auch schön blühte. In den letzten Jahren wurde
die Pracht allerdings immer weniger bis sie dieses Jahr die Blüte ganz
einstellte. Ich habe sie jährlich nach der Blüte etwas zurückgeschnitten. Können Sie mir einen Tipp geben?
Herzlichen Dank im Voraus, mit freundlichen Grüßen, K. S.

Sehr geehrter Herr S.,
die Kamelie ist eine Gartendiva und von daher mit sehr viel Aufwand und Zuwendung zu behandeln, auch wenn sie, wenn alles gut
geht, nur einmal recht kurz im Frühjahr blüht. Obwohl ich ein eher
schneidefreudiger Typ bin, empfehle ich zuerst einmal, die Kamelie
gar nicht zu schneiden, denn das mag sie nicht so richtig gerne, es sei
denn sie wuchert schon ins Unendliche (was eher selten der Fall ist).
Allerdings hat das Schneiden nach der Blüte keinen direkten Einfluss
auf die Blüte im nächsten Jahr, da die Blütenknospen erst im Herbst
angesetzt werden. Was ich mir eher vorstellen kann ist, dass Ihre
Kamelien nicht in ausreichend saure Moorbeetpflanzenerde gesetzt
wurde, sodass die neugeformten Wurzeln nun am gewachsenen Gartenboden angelangt sind, der ihr nicht zusagt. Es könnte sein, dass sie
es Ihnen danken würde, wenn Sie sie im Herbst einfach noch einmal ausgraben und ein wesentlich größeres Loch mit Kamelienerde
füllen, und die Dame dann wieder einpflanzen. Das könnte sie davon
überzeugen, wieder Blüten zu produzieren. Vielleicht würde es auch
genügen, den äußeren Wurzelbereich abzugraben und mit Torf und
(sauer wirkendem) Dünger wieder zu füllen. Wenn Sie beim Ausgraben Bedenken haben, bitten Sie einen Fachmann, Ihnen zu helfen.

***

Die alten, getrockneten

Blütenstände tragen mit einem

Mal Tausende kleine weiße

Sterne auf ihrem Geäst.

***

Vor dem Gärtnern kommt die Planung

▶.............................. ES SCHEINT VIELLEICHT EIN WENIG VERFRÜHT, bei Schnee und Eis an die Planung des Gartens zu denken, doch ist dies gerade jetzt aus meiner Sicht die allerbeste Jahreszeit dazu. Durch den noch liegenden weißen Schnee wird das Auge nicht auf den traurigen, wintermüden und erschöpften Zustand des Gartens gelenkt, sondern man muss ihn sich vor geschlossenen Augen vorstellen und sich die Bilder des vergangenen Jahres in Erinnerung rufen. War man mit der Frühjahrserscheinung der Beete zufrieden, war der Rasen noch akzeptabel oder sollte er einmal völlig erneuert werden, müssten die Obstbäume, Bäume und Sträucher einmal gründlich geschnitten werden?

.............................Jetzt ist die beste Zeit, sich mal ganz entspannt bei einem guten Glas Wein und vielleicht am Kaminfeuer – was bei diesem grässlich trüben Wetter sehr zum Ambiente beiträgt – Zeit für den Garten zu nehmen. ....

Denn wenn erst einmal alles schießt und sprießt und der Frühling in vollem Gange ist, findet man für solche genüsslichen Gedanken keine Zeit und oft auch keine gute Firma mehr, die einem bei größeren Veränderungen hilft.
Und dann sind da vor allem die kleinen Planungen, die dem Garten den ganz bestimmten Zauber verleihen, nämlich die Sommerzwiebeln, die Blumen und vor allem auch die Gemüsesamentüten, die jetzt bestellt werden sollten. Bestimmt fallen Ihnen Pflanzen ein, die Ihnen im letzten Jahr besonders gut in der Gärtnerei gefallen haben: Vor allem viele Einjährige, die in den Beeten große Lücken füllen, sollten jetzt bestellt und im frühen Frühjahr ausgesät werden. Jetzt ist die Zeit für Bestellungen, besonders für die etwas selteneren Pflanzen. Es gibt zum Beispiel bezaubernde, neue englische Gladiolensorten

wie 'Carolina Primrose' und 'Cruentus', aber auch andere herrliche
Sommerzwiebeln, für die man immer einen Platz im Beet findet.
Ich liebe ganz besonders die Hakenlilien *(Crinum)* und vor allem die
orangerote Montbretie *(Crocosmia masonorum)*, die allesamt, sobald
der Schnee verschwunden und der Boden getaut ist, in die Erde
sollten. Eine hier zu Lande nicht sehr bekannte Tatsache ist, dass man
Schneeglöckchen viel besser nach der Blüte als Pflanzkeime oder
im so genannten grünen Kleid – „in the Green" sagt der Engländer –
pflanzt, da sie dann eine wesentlich größere Anwachsquote haben.
Jetzt sollte das Augenmerk auf die Bestellung von Blumen und Ge-
müsesaat fallen. Jeden Tag trudeln neue Glücksboten für das Frühjahr
ein wie seltene Kletterer und Sommerblumensaat aus England, die in
diesen Wochen ausgesät werden sollten. Hierzu gehören unter anderem seltene Duftwickensorten *(Lathyrus)* wie 'King Edward VII' oder
'Flora Norton' aus dem Jahr 1904, Tabaksorten *(Nicotiana)* wie 'Black
Knight' und 'Mutabilis', Löwenmäulchen *(Antirrhinum)* 'Black Prince'
und bizarr blühender Sonnenhut *(Rudbeckia)* 'Chim Chiminee'.
Große, gute Samenhandlungen können sie ohne Weiteres im Internet
unter Gemüse- und Sommerblüher-Saatgut finden. Und ich empfehle
Ihnen dringend, auch die Kataloge zu bestellen, denn ich finde es
immer wieder schön, erst einmal den ganzen Katalog durchzugehen,
hier und da ein Kreuzchen zu machen oder ein Post-it einzukleben,
um dann seine Meinung später noch einmal zu ändern. Denn nicht
selten kommt es vor, dass ich, beim Buchstaben M angekommen,
bereits in irrsinniger Euphorie haufenweise angekreuzt, aber noch
den halben Katalog vor mir habe. Also empfehle ich, zu stöbern und
zu bestellen, wonach das Herz begehrt, denn nichts ist schöner als an
einem trüben Tag in den Blumenbildern der Kataloge zu schwelgen
und sich auf die üppigen Beete des Sommers zu freuen. Ach, und
noch etwas liegt mir für private Gärten am Herzen: Kaufen Sie doch,
wenn möglich, Gemüse als biologisches Saatgut ein, denn dann kann
man sicher sein, dass es nicht mit Chemikalien wie Fungiziden u.ä.
behandelt wurde, was dann auch in Kinderhänden keinen Schaden
anrichtet. Darüber hinaus haben die Biofirmen oft auch noch sehr
schöne alte Gemüsesorten im Angebot.

Die versteckte Schönheit der Natur entdecken

▶............................ ES IST MIR IMMER WIEDER EIN GROSSES VER-
GNÜGEN, Freunden die Schönheiten der Pflanzenwelt sichtbar
zu machen, die diese Jahreszeit in sich birgt. Mit Sichtbarmachen
meine ich, Dinge zu zeigen, an denen man jeden Tag vorbeigeht, sie
aber gar nicht wahrnimmt. Ein schönes Beispiel sind die Platanen
am Kurfürstendamm. Wie oft sind Sie in den letzten Wochen unter
den großen, alten, schönen Platanen entlanggelaufen oder -gefah-
ren, ohne sie eines zweiten Blickes zu würdigen, weil sie jetzt nicht
mehr weihnachtlich beleuchtet sind. Einmal hochschauen würde
sich lohnen, vor allem nach frischem Schneefall, denn dann sieht
man, dass alle Bäume am Kudamm mit stacheligen, weiß-bemützten
Weihnachtskugeln behängt sind. Es ist ein bezauberndes Bild, und
wenn man sich dann noch ein paar wenige Sekunden gönnt, um die
Rinde anzuschauen, dann kommt man schon ins Staunen, wie viel
Schönheit die Natur auch noch zu dieser Jahreszeit zu bieten hat. Im
Sommer fallen einem diese Schönheiten vor lauter Farbe und Grün
nicht auf, aber jetzt werden Pflanzensilhouetten durch Schnee und
Eis ganz besonders in den Vordergrund gehoben. Und die Platanen
sind mit ihrer Winterschönheit nicht allein, Birkenstämme wirken
im Schnee und dem tiefen Sonnenlicht – wenn es denn mal Sonne
gibt – viel malerischer und romantischer als im sommergrünen
Kleid. Im Winter zeigt es sich wieder einmal, wie wichtig es ist, im
Herbst nicht wie ein Reinigungstrupp im gesamten Garten alle Sträucher und vor allem Stauden herunterzuschneiden, damit die Beete
im Frühjahr „schön ordentlich" sind. Man stiehlt sich dadurch den
Zauber des Winters. Nichts ist schöner und unterhaltender als eine
im Herbst stehengelassene Staudenpflanzung, deren Geäst in den
sonnigen Wintermonaten ausgetrocknet ist und dadurch sehr viel
Stabilität bekommen hat. Dieses Staudengeäst hält dem Schnee stand
und sorgt täglich nicht nur für Nahrung für Vögel und als Unterkunft

für kleine Insekten, sondern es ist wirkt wie eine Theaterbühne. Jede Staude hat plötzlich mit der aufgesetzten Schnee- oder Raureifhaube ein ganz neues, atypisches Erscheinungsbild: eine schöner als die andere. Die alten, getrockneten kleinen Blütenstände der Astern tragen mit einem Mal Tausende kleine weiße Sterne auf ihrem Geäst und die Fetthenne hat so viel Schnee auf den flachen Blütendolden angesammelt, dass man meinen könnte, sie hätte damit etwas Größeres vor. Auch einige Gräser stehen dem Schnee zum Trotz lange sehr schön da und dienen kleineren Vögeln als Windwippe, was aus dem Schlafzimmerfenster beobachtet ein fantastisches Morgenentertainment sein kann. Das gilt übrigens auch für Hortensien, die leider viel zu oft von Gartenfans im Herbst heruntergeschnitten werden. Dabei sind sie in getrockneter Form im Beet fast noch schöner als in voller Blüte …

.... *Was auch zu dieser Jahreszeit besonders auffällt, sind die kleinen bunten Früchte vieler Sträucher und Bäume; und für mich sind besonders die Früchte der Zierapfelbäume eine echte Entdeckung, vor allem, weil sie sich auch für den kleinsten Garten zurechtschneiden lassen.* ....

Die schönste Sorte ist für mich *Malus* 'Evereste', weil er seine Früchte bis in den Februar behält. Durch die hohe Fruchtsäure fressen die Vögel die Früchte nicht im Herbst, sie sind ihnen einfach zu sauer. In den frostigen Wochen sind die kleinen, gefrorenen Äpfel zu hart, erst durch den Frost entwickelt der kleine Baum seinen Fruchtzucker in den kleinen Äpfeln und so sitzen die Vögel voller Erwartung auf den Ästen unserer Spaliere und warten auf die Schneeschmelze. Ich übrigens auch, nur dass ich dabei nicht auf den Ästen sitze.

Frühlingsdüfte

▸............................. DIE TAGE WERDEN LÄNGER, das Licht erscheint heller, jedenfalls an einigen Tagen, und noch immer ist alles weiß. Also mache ich etwas, was mir eigentlich völlig widerstrebt: Ich habe mir Topfdufter für die Wohnung gekauft. Dufthyazinthen und traumhafte Duftnarzissen im Topf betören mich so mit ihrem Frühlingsduft. Bei den Hyazinthen sind besonders empfehlenswert 'Delft Blue' (blau), 'White Pearl' (weiß) und bei den Narzissen gibt es eine besonders duftende, gefüllte Sorte: 'Bridal Crown' (creme-weiß), die in jedem guten Gartencenter zu haben ist. Oder auch die Sorte 'Paper White', die zwar keine doppelten Blüten hat, aber mehrere Blüten an einem Stängel trägt. Interessant für den sparsamen Typ ist vielleicht auch, dass diese Zwiebelpflanzen als Topfpflanze wesentlich länger blühen und duften als für die Vase geschnitten.

Pflanzen wie Zwergiris, Winterling, Anemonen, Alpenveilchen, Fliederprimel, Narzisse 'Tête-à-Tête' und Dufthyazinthe sollten möglichst kühl stehen, dann halten die Blüten länger als im Zimmer, nur der Duft geht dann natürlich etwas verloren. *Primula obconica*, die großblumige Becherprimel in Lavendelblau, Lachsrosa oder Weiß, und die Fliederprimel *(Primula malacoides)* sind auch noch Optionen, die sich in einem kühlen Zimmer wohl fühlen. Sogar die schönen rot blühenden Christrosen können dort ohne Probleme auf besseres Wetter warten.

Marianne Foerster, vom Foerster-Garten in Potsdam Bornim, erzählte mir einmal, dass sie die langen Winter überhaupt nur durch diese Blütenpracht hinter der Fensterbank zwischen den Doppelfenstern überlebt. Sie betrieb diesen geheimen Gewächshaustipp wohl schon seit sehr vielen Jahren, denn sie traute sich sogar, ihre Schnitt-Amaryllis in den Zwischenraum der zwei Fenster zu hängen. Und hängen schreibe ich mit Absicht, denn wenn unten auf der Fensterbank bereits alles voll ist, dann sagte sie, bleibt nur, sie von oben herab-

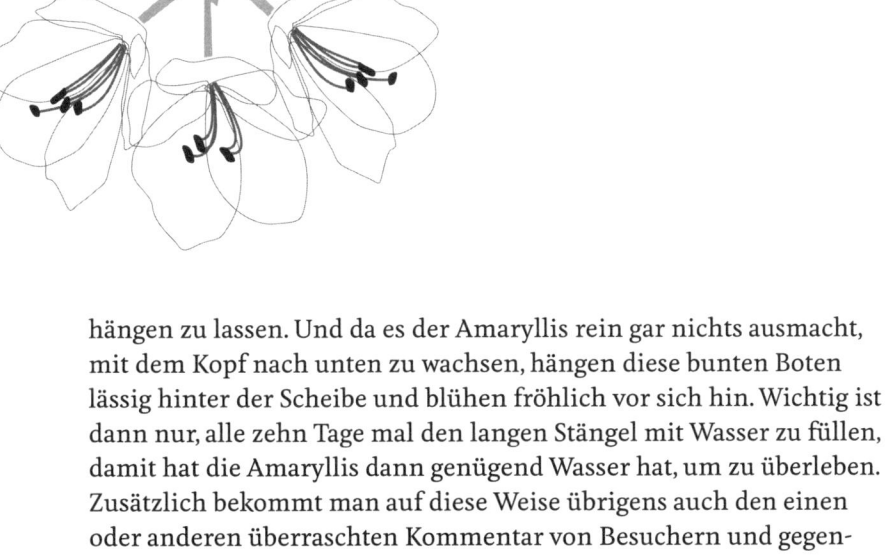

hängen zu lassen. Und da es der Amaryllis rein gar nichts ausmacht, mit dem Kopf nach unten zu wachsen, hängen diese bunten Boten lässig hinter der Scheibe und blühen fröhlich vor sich hin. Wichtig ist dann nur, alle zehn Tage mal den langen Stängel mit Wasser zu füllen, damit hat die Amaryllis dann genügend Wasser hat, um zu überleben. Zusätzlich bekommt man auf diese Weise übrigens auch den einen oder anderen überraschten Kommentar von Besuchern und gegenüber wohnenden Nachbarn.

Das Beste an diesem Frühlingsfenster ist, sollte der Frühling dann tatsächlich kommen, dass Sie die Pflanzen aus ihrem Gewächshaus befreien und auf den Balkon oder in den Garten pflanzen können. Also, nicht verzagen und die Gartensaison zwischen Doppelfenstern Ihres Altbaus (wenn Sie denn in einem wohnen) beginnen, wir könnten einen Trend setzen nach dem Motto: Wir trotzen der Kälte und dem Schnee und nutzen die Wärme unserer Wohnungen, um zumindest das Auge zu beglücken. Viel Freude dabei, ich mache auch mit.

Schönwetttergärtnern, det jeht nich!

▸............................ AUCH WENN ES DRAUSSEN NOCH KALT IST, jetzt ist die richtige Jahreszeit, sich gegen die Eindringlinge wie Schnecken, Blattläuse und Wühlmäuse zu wappnen. Später, wenn die Sonne durch ihre Wärme den gefrorenen Boden zum Schmelzen bringt und unsere Seelen erwärmt, und wir mit großem Eifer in den Garten springen, dann ist es schon wieder fast zu spät, sich zu informieren. Dann sind schon wieder Tausende anderer Fragen zu Rasen und Rosen akut.

............................Man muss sich schon auch einmal in der kalten Jahreszeit aus dem Haus wagen, um den Plagen des kommenden Jahres ein Schnippchen zu schlagen. ....

Jetzt ist außerdem die ideale Zeit, um den bestens verrotteten Kompost auf die Beete zu bringen. Und wer keinen Kompost hat, sollte diesen Mangel unbedingt beseitigen, denn der Kompost ist die Seele des Gartens, ganz besonders für magere Sandböden. Guter Kompost entsteht schon in nur einer Saison und ist dann gleich im Garten verwendbar. Mit ein paar kleinen Tipps lässt sich das schlechte Image vom stinkenden Haufen im hintersten Eck des Gartens aufpolieren. Hören Sie zum Beispiel schon einmal damit auf, den wöchentlichen Rasenschnitt den ganzen Sommer über auf dem Kompost zu entsorgen, der erstickt nämlich die ganzen Mikroben, Bakterien, Kleintiere und Würmer, die für den Zersetzungsprozess gebraucht werden. Mulchen Sie lieber dick mit dem Rasenschnitt unter Ihren Hecken, das hält das Unkraut zurück und schützt den Boden vor Verdunstung und Austrocknung. Der zweite wichtige Tipp ist, keine großen, dicken oder langen Äste auf den Haufen zu werfen, denn diese lassen erstens zu viel Luft in den Kompost, sodass die für die Bakterienentwicklung benötigte Wärme nicht entstehen kann, und zweitens sind diese großen Stücke für das Kleinstleben im Kompost nur schwer verdaulich.

Besser ist es, all das über das Jahr angesammelte Holz zu schreddern und dann damit einen schönen Haufen zu formen. Wenn Sie nette Nachbarn haben, dann können Sie sich vielleicht einen Schredder teilen, denn ein solcher muss ja nicht gleich für diesen einmaligen Akt angeschafft werden. Sollten Sie keine freundlichen Nachbarn haben, empfehle ich, den Schredder für zwei Wochenenden im Baumarkt oder Gartencenter zu mieten.

Und zu guter Letzt noch ein weiterer Tipp: Schreddern Sie auch das aus dem Garten geharkte Laub, denn auch das kann zu Erstickungen führen, wenn es in zu großen Mengen auf dem Komposthaufen landet. Ein paar Gaben Kalk zwischen die Lagen hilft den Würmern ihre Kalkdrüse anzuheizen und beschleunigt auf jeden Fall den Gärungsprozess. So, und jetzt raus in den Garten und den Kompost 10 cm dick auf die Beete geben und nicht vergessen: Vorher eine Gabe Hornspäne auf das Beet, denn der Kompost selbst hat kaum Stickstoff, er ist eher zur Verbesserung der Krume da.

Lenzrosen – Stars im trockenen Schatten

▸.............................. AUS LANGJÄHRIGER ERFAHRUNG WISSEN WIR,
dass die Lenz-oder Frühlingsrose *(Helleborus × orientalis)*, vor allem
viele ihrer neuen Hybriden (Kreuzungen), ein echter Überlebens-
künstler in trockenem Schatten ist. Und da die Lenzrose auch den
Wurzeldruck von großen Bäumen erträgt, liebt sie es, unweit eines
großen Ahorn- oder Kastanienstammes in härtestem Boden zu
wachsen. Ich erinnere mich noch an meine Zweifel bezüg-
lich ihrer Überlebenschancen, als ich einmal mit einem
Stemmeisen versuchte, ein Pflanzloch in Baumnä-
he für eine *Helleborus × hybridus* zu graben, doch
erstaunlicherweise gefiel es ihr sehr dort. Auch
kann ich nicht bestätigen, dass Lenzrosen eine dicke Lage Mutterboden bräuchten, ganz im Gegenteil, sie wachsen mit ein wenig Mutterboden auch
gern in Bauschutt. Wichtig ist, die jetzt blühenden
Pflanzen schon im August oder September gut zu
düngen, damit sie zum Winter hin ihre Knospen
ausbilden können, die sie zwischen Februar und April
mit göttlicher Klarheit öffnen. Auch dieses Phänomen kam mit
den vielen neuen Hybriden auf. Die alte Schule spricht häufig von
den sich nach unten neigenden Blüten der Lenzrose, Grund genug
für viele Gärtner, sie jahrelang zu verschmähen. Die neuen groß-
wüchsigen Sorten, wie *Helleborus* 'Pink Frost' oder 'Green Corsican'
haben hingegen sehr aufrechte Blüten, die einem förmlich ins Gesicht lächeln. Besonders in Jahren, in denen Ostern fast schon in den
Frühsommer fällt, empfehle ich Ihnen, die Schalen vor der Haustür,
auf dem Balkon oder im Wintergarten schon jetzt mit diesen schönen Frühjahrsblühern zu beglücken. Sie läuten damit eine Art frühes
Frühjahr ein und schlagen dem späten Osterfest ein Schnippchen.
Selbst ich vergesse immer, wie viel Freude von so einem blühenden

Topf ausgeht, zumal die Lenzrose ja wesentlich später blüht als die Christrose *(Helleborus niger)* und auch erheblich länger. Die Lenzrosen, die ich im Herbst eingekauft habe, blühen bereits seit den frühen Märzwochen und werden mit Sicherheit bis Ostern durchhalten. Es handelt sich bei diesen Hybriden – das × steht übrigens für Kreuzung – um reine Kunstprodukte, die aus Kreuzungen verschiedenster *Helleborus*-Arten gezüchtet wurden. Sie gehören, wie auch die zu Weihnachten blühenden Christ- oder Schneerosen, zur Familie der Nieswurz-Pflanzen. Den Namen Nieswurz hat die Gattung *Helleborus* im Volksmund erhalten, weil aus ihren Wurzeln, den Rhizomen, früher gerne Schnupftabak, also Niespulver hergestellt wurde. Ob Niespulver tatsächlich Schwindel heilt oder das Gedächtnis stärkt, sei dahingestellt. Sicher allerdings ist, dass die Wurzeln Giftstoffe enthalten. Auch beim Schneiden ist darauf zu achten, dass der Saft nicht mit der Haut in Berührung kommt, da dies zu Hautreizungen führen kann. Doch noch einmal zu den wasserspeichernden Rhizomen: Ihnen ist zu verdanken, dass die Pflanze auch in sehr trockenen Böden überleben, indem sie im Sommer alle Kraft in den Wurzeln speichern und diese im späten Winter an die sich entwickelnde Pflanze abgeben.

.... *Wer eher weniger Platz hat, aber auf diese Frühjahrsvorfreude nicht verzichten möchte, kann sich auch an einer der vielen kleinen besonderen Züchtungen wie 'Silver Lace' oder 'Silver Age' erfreuen, die beide ein sehr schönes, farbiges Blattwerk und bezaubernde kleine grün-silberne Blüten haben.* ....

Achten Sie besonders im Frühjahr auch auf die *Helleborus × hybridus* mit dem Markenzeichen HGC, welches für HELLEBORUS GOLD COLLECTION steht, oder auch SP für SPRING PROMISE. Dies sind die neusten Züchtungen, darunter viele mit gefüllten Blüten und oft auch bezaubernden Sommersprossen.

Frühjahrsputz

▸.............................. HERRLICH, DER SCHNEE SCHMILZT, und wenn sich hinter meinem Gewächshaus die ersten Schneeglöckchen aus der schwarzen, noch leicht gefrorenen Erde drängen, deutet alles darauf hin, dass es Frühling wird - und der Faschingstrubel verklingt. Macht nichts, was interessiert mich der Schnee von gestern, ich bereite nun einen Rausschmeiß- und Rausreißfeldzug durch meinen Garten vor, um Platz für Neues zu schaffen. Denn jetzt, und nur jetzt, ist die Gelegenheit gekommen, unter dem Vorwand, es sei leider dem Winter zum Opfer gefallen, alles zu entfernen, was einem in den letzten Jahren auf den Keks gegangen ist oder nur halb erfreulich im Garten war.

.............................*Es gibt doch bestimmt auch in Ihrem Garten die eine oder andere Pflanze, die lediglich aus Pietätsgründen oder aus Mitleid in Ihrem Garten steht?* ....

Ich meine zum Beispiel jene Pflanzen, die Ihnen jemand im letzten Jahr oder in den Jahren davor zum Geburtstag oder Hochzeitstag oder sonst einem Anlass geschenkt hat, ohne überhaupt ein Fünkchen Ahnung von Ihnen oder Ihrem Garten zu haben oder zu wissen, was Sie mögen oder zu Ihnen passt.
Eine sehr nette und liebevoll gemeinte Geste, aber auch häufig eine nicht zu vermeidende Plage. Manchmal sehe ich, dass es diese Pflanzen seit der Schenkung noch gar nicht ins Beet geschafft haben, sondern sie stehen noch immer platzsuchend und ungeliebt im Plastiktopf in der Garageneinfahrt oder an der Terrasse. Damit ist nun Schluss, entweder Sie entschließen sich endlich, dieser Pflanze ein Zuhause zu geben oder Sie entsorgen sie unter o.a. Vorwand. Sollte sich jemand nach dem guten Teil erkundigen, dann ist sie dem langen starken Winter zum Opfer gefallen ... Ich bekomme - höchst-

wahrscheinlich, weil man weiß, wie ich mit ihnen umgehe - so gut
wie nie Pflanzen geschenkt. Dennoch gibt es immer wieder Pflanzen,
die ich mir kaufe und die sich hinterher als Fehlkauf entpuppen. Und
diese entsorge ich nun während des allgemeinen Frühjahrsputzes in
meinen Beeten, denn wo ein Loch in der Rabatte ist, ist immer auch
Platz für etwas Neues und ein guter Vorwand, in ein Pflanzencenter
zu gehen.
Ich jedenfalls liebe es in „anderen Gärtnereien" zu stöbern und zu
schauen, was es Neues zu entdecken gibt. Ich kaufe mir auch nur sehr
selten die gleiche Hose zweimal. Es fällt übrigens viel leichter, eine
noch lebende Pflanze in ihrem unansehnlichen Winterzustand weg-
zuschmeißen, als später, wenn sie erst einmal wieder neue Knospen
und grüne Blätter treibt …
Aber genug zu diesem Thema, das richtige Gärtnern geht nun los,
nämlich das Zurückschneiden der Sträucher und Strauchrosen.
Noch nicht die Edelrosen schneiden, dafür ist es zu früh, denn wenn
später Frost in die frischen Schnittstellen kommt, kann es passieren,
dass die letzten zwei oder drei neuen Knospen betroffen sind und
absterben. Also bitte mit den Edelrosen, Beetrosen, den Englischen
und sonstigen Floribunda- und Tee-Hybriden noch warten. Wer gar
nicht weiß, was für Rosen im Garten stehen, wartet einfach auch auf
den April, denn ich traue dem Zauber auch nicht immer. Keine Angst,
späteres Schneiden bedeutet nicht, dass Ihre Rosen später blühen,
die Natur hat da ganz eigene Regeln. Wichtig ist, dass Sie die Sträucher jetzt radikal schneiden dürfen - nur nicht jene, die im Frühjahr
blühen. Die Frühjahrsblüher sollte man erst direkt nach der Blüte
zurückschneiden, denn nur so ist es ihnen möglich, für das dar-
auffolgende Jahr Blüten anzusetzen. Zu den Frühjahrschneidetabus
gehören die Forsythien, der Winterjasmin *(Jasminum nudiflorum)*,
Falscher Jasmin oder Pfeifenstrauch *(Philadelphus)* und die frühblühenden Zier-Johannisbeere *(Ribes sanguineum)*. Sollten Sie gar nicht
wissen, wie man das mit dem kräftigen Zurückschneiden eigentlich
macht, dann empfehle ich, sich Hilfe vom Fachmann zu holen oder
einen Schnittkurs zu belegen.

Über das Schneiden

▸............................ DIE EINFACHSTE REGEL ZUM SCHNEIDEN DER STRÄUCHER IN IHREM GARTEN IST, alles, was vor Juni blüht, sollte erst nach der Blüte geschnitten werden. Wenn Sie diese Pflanzen im Frühjahr zurückschneiden, gibt es keine Blüten. Alle Sommerblüher, also jene, die ab Juni am diesjährigen Trieb blühen, sollten jetzt stark geschnitten werden, dazu gehören auch Obstbäume und Wein. Ganz besonders spreche ich aber von den Schmucksträuchern, die für einen starken Rückschnitt dankbar sind.

.... *Die einfachste Vorgehensweise für mich ist, zuerst alles Tote und Kranke und sich Behindernde, also zum Beispiel aneinander scheuerndes Holz, herauszuschneiden; dabei bemerkt man oft, dass gar nicht mehr so viel vom eigentlichen Busch übrig bleibt.* ....

Wenn Sie nicht genau feststellen können, welche Pflanzenteile noch leben und welche nicht, dann kratzen Sie einfach mal an der Rinde, und wenn darunter eine leuchtend grüne oder gelbe Farbe erscheint, dann leben sie noch. Bei Pflanzen, deren eigentliche Schönheit von uns noch nicht entdeckt wurde, wie zum Beispiel dem Perücken-strauch (*Cotinus coggygria*), lohnt es sich, die Schere wesentlich tiefer anzusetzen, also dort abzuschneiden, wo es schwer fällt, im dicken Holz. Der Perückenstrauch wird Sie dann mit kräftigem Austrieb und vor allem mit großen leuchtend dunkelroten Blättern überraschen. Diese wirkliche Schönheit des Strauches wird nur den mutigen Gärt-nern zuteil. Ähnlich verhält es sich mit dem Schmetterlingsstrauch (*Buddleja*): ganz gleich, welche Sorte Sie haben, schneiden Sie diesen bis auf 30 oder 50 cm über dem Boden herunter und er wird Sie mit wundervollstem Blütenzauber belohnen. Viele Hartriegelsorten (*Cor-nus*), die ursprünglich einmal wegen ihrer schön leuchtenden grünen oder roten Triebe im Winter gepflanzt wurden, verblassen im Alter und wollen vitalisiert werden. Also nur mutig an diese herantreten und bis auf 15-20 cm über dem Boden mit einer Säge oder Astschere herunterschneiden oder absetzen. Nur die Sorte *Cornus sanguinea 'Midwinter Fire'* mag den harten Rückschnitt gar nicht. Alle anderen werden Ihnen schon innerhalb weniger Monate zeigen, was in ihnen steckt und lange, farbenfrohe Triebe entwickeln, die schon im darauffolgenden Jahr wieder die volle Höhe des Strauches erreichen können.

Die mitgenommen aussehenden Kletterer und vor allem die Clematis, die momentan blattlos ihr ganzes Chaos an den Tag legt, werden nun auch geschnitten.

.............................Das Wichtigste ist hier, sich gemerkt zu haben zu welcher Jahreszeit Ihre Clematis im Vorjahr geblüht haben und welche Spezies im Garten wächst. ....

Alle frühblühenden Clematis, wie *C. alpina* und *C. montana* blühen am Vorjahresholz und fallen in die Gruppe 1 der Clematis, jene, die so wenig Schnitt wie möglich brauchen. Alle drei Jahre sollte man diese dann trotzdem an der Basis um ein Drittel reduzieren, besonders *C. montana,* damit sie nicht zu groß wird. Die zweite Gruppe, die auch nicht gerne stark geschnitten werden möchte, sind die im Mai/Juni blühenden Diven, also die großblumigen Sorten wie 'Snow Queen', 'Crimson King', 'Ville de Lion' u.a. Auch diese blühen, wie man sagt, am alten Holz, also am Vorjahrstrieb. Sie werden jetzt oder auch schon im November leicht zurückgeschnitten, und ab und an kann auch – zur Vitalitätsbildung – der eine oder andere Trieb ganz entfernt werden. Die am leichtesten zu schneidenden Clematis (Gruppe 3) sind die im Spätsommer blühenden, wie *Clematis-viticella*-Hybriden oder die bei uns eher seltenen gelbblühenden *C. texensis.* Leicht erkennt man im Frühjahr die Clematis dieser Gruppe, denn sie treiben wie wild aus der Basis der Pflanze und so braucht man lediglich ein wenig Mut, um das ganze Gesträuch vom Vorjahr bis auf 20 cm über dem Boden zurückzuschneiden.

Liebe Frau Pape,

vor ca. vier Jahren haben wir eine Rotbuchenhecke gepflanzt, die sich leider nicht wie gewünscht entwickelt. Die Setzlinge stammten aus einer Baumschule und waren bereits ca. 2 m hoch. Wir wollten schnell einen blickdichten Schutz erzielen. Nun müssen wir feststellen, dass die Hecke nach oben gut wächst, dass sie aber im unteren Bereich kaum austreibt. Wie kann man ihr das „beibringen"? Ganz herunterschneiden wollen wir sie auch nicht, denn dann hätten wir gleich kurze Setzlinge kaufen können. Und schließlich noch: Wie bekämpft man Schädlinge, die es speziell auf Rotbuchenhecken abgesehen haben?
Herzlichst, Ihre E. P.

Liebe Frau P.,

Das ist ein wenig das Problem des Nicht-warten-Könnens. Setzlinge, die schon 2 m hoch sind, sind eigentlich nicht für Hecken geeignet, sondern sind eher für Forstbaumschulen, obwohl auch diese lieber mit kleineren Pflanzen beginnen. Wenn der Geldbeutel nicht ausreicht für hervorragende Heister oder Heckenelemente, dann sollte man immer auf ein wenig Höhe verzichten und kräftige kleine Pflanzen wählen. Für alle Hecken gilt, was Sie jetzt dem Boden Gutes tun, dankt Ihnen die Hecke in den nächsten 100 Jahren. Deshalb empfehle ich, vor der Pflanzung immer einen Heckengraben etwa 40 cm tief auszuheben, unten 5–10 cm abgelagerten Mist und Kompost einzufüllen, etwas Boden aus dem Aushub darüber und dann kleine Setzlinge oder auch größere dort hineinzustellen und mit der restlichen Erde und Kompost pflanzen.

Ganz wichtig ist, einen Bewässerungsschlauch für die ersten zwei bis drei Jahre entlang der Hecke zu legen, damit ein gutes und gleichmäßiges Anwachsen garantiert ist. Wasser ist in den ersten Jahren wichtiger als alles andere. Damit die Hecke schnell hoch wird, schneidet man sie während der ersten Jahre nur an den Seiten, bis sie die gewünschte Höhe erreicht hat. Um Ihre Hecke dichter zu bekommen, würde ich mich trauen, sie auf 1,80 m herunterzuschneiden und dringend mehr zu wässern. Die Rotbuche ist durchaus in der Lage, im Jungstadion auch weiter unten noch auszutreiben.

Und – last but not least – werden Sie sich fragen, woher weiß ich, dass Ihre Hecke nicht genug Wasser hat? Weil Sie um Rat zum Schädlingsbefall baten. Fast alle Hecken bekommen nur Schädlinge, wenn sie während des Austriebs, wenn sie besonders viel Wasser brauchen, nicht genug Wasser bekommen. Der Schädlingsbefall ist also ein Stresssymptom, das sich natürlich mit der Giftkeule kurzweilig beheben lässt, langfristig aber nur durch zusätzliches Wässern behoben werden kann.

Und zum Schluss noch ein Tipp: Wenn Sie zufällig Rasenschnitt haben, dann legen Sie doch nach dem nächsten Mähen das im Fangkorb gesammelte Gras etwa 10 cm dick unter die neue Hecke, das wirkt als Mulch und Unkrautvertilger gleichermaßen, hält den Boden feucht und verhindert, dass Ihr Kompost „verschleimt".

Liebe Frau Pape,
in meinem Garten steht fast auf der Grenze eine *Thuja,* gepflanzt
etwa 1968. Dieser Baum ist inzwischen trotz mehrmaliger Kürzung
enorm gewachsen, vor allem auch in die Breite. Der untere Stamm-
umfang beträgt 1,55 m. Der Baum bildet seit Langem einen für beide
Nachbarn willkommenen Sichtschutz bis ins zweite Stockwerk.
Im Wurzelbereich verlaufen mit einem Abstand von ca. 80 cm Ab-
wasserrohre, eine Beschädigung durch Wurzeln habe ich aber bisher
nicht festgestellt, vielleicht aufgrund der Herzwurzel?
Dennoch wird mir der Baum langsam zu groß und zu breit und meine Fragen lauten:
Was kann ich tun, um das Wachstum der Wurzeln und der oberir-
dischen Teile zu verhindern bzw. zu verlangsamen? Nützt ein Aus-
schneiden der breitesten Äste und erneutes Kappen der Spitze oder
löse ich damit einen erneuten Wachstumsschub aus? Ein komplettes
Entfernen wäre das Allerletzte, das ich und der Nachbar wollen. Welchen Rat geben Sie mir?
Ihre H. M.

Liebe Frau M.,
wie fast alle immergrünen Nadelgehölze, mit Ausnahme von Eibe
und Hemlocktanne, vertragen Lebensbäume *(Thuja)* keinen Rückschnitt ins alte Holz. Damit meine ich, dass es keinen neuen Austrieb
geben wird, wenn Sie seitlich die Triebe tief bis ins Astwerk oder
gar an den Stamm zurückschneiden. Es empfiehlt sich im wahrsten
Sinne des Wortes, im grünen Bereich zu bleiben. Deshalb ist es bei
Thuja und auch bei der Scheinzypresse *(Chamaecyparis)* sehr ratsam,
von Anfang an die Pflanze kräftig und regelmäßig im Zaum zu halten. Allerdings können Sie die Spitze ohne Weiteres so weit herunter-
setzen, wie es Ihnen notwendig erscheint, und das können Sie auch
öfters wiederholen.

Sehr geehrte Frau Pape,
unsere ca. 40 m lange Grundstückeinfahrt wird seit 30 Jahren von einer etwa 3,5 m hohen Eibenhecke eingefasst, die jährlich einmal, sich leicht konisch nach oben verjüngend, zurückgeschnitten wird. Seit gut drei Jahren werden die Eiben von innen heraus immer kahler, und jetzt ist der untere Meter auf der Nordseite zum Weg hin völlig kahl. Die Hecke wird nicht gewässert und wurde in den 30 Jahren nie gedüngt. Der Weg wird im Winter nicht mit Salz gestreut. Was kann man gegen das weitere Verkahlen tun?
Herzliche Grüße, T. B.

Sehr geehrte Frau B.,
Eiben sind sehr zähe Pflanzen und gehören zu den wenigen Nadelgehölzen, die auch aus dem alten Holz neu austreiben können. Wichtig ist nur, dass zur richtigen Jahreszeit geschnitten wird, nämlich im sehr zeitigen Frühjahr, gerade wenn der Frost kaum aus dem Boden ist. Es empfiehlt sich zur Verjüngung der Hecke erst einmal nur eine Seite, nämlich die lichte, bis an den Stamm zurückzuschneiden, oder eine Art Kleiderhakenstamm stehen zu lassen, wenn die Pflanzen viele dicke Äste haben. Auch in der Höhe kann die Hecke etwas reduziert werden. Wichtig sind an dieser Stelle zwei Dinge: Erstens, dass die noch grüne Seite wenig oder gar nicht geschnitten wird, bis der Austrieb auf der kahlen Seite kräftig kommt. Dies kann zwei bis drei Jahre dauern. Und zweitens ist es sehr wichtig, die Wurzeln der Hecke auf der kahlen Seite mit einer dicken Lage Kompost und Mist - etwa 0,5 m breit - entlang der gesamten Hecke zu mulchen. Ein Tröpfchenschlauch unter dem Mulch würde das Ausschlagen der Heckenpflanzen stark beschleunigen, ansonsten muss unbedingt regelmäßig gewässert werden. Wenn Ihnen dies zu drastisch ist, habe ich leider keinen Rat, denn nur ein leichtes Einkürzen der lichten Seite wird in einem völligen Wegbleiben von neuen Austrieben resultieren. Ich habe diese Methode der Heckenverjüngung schon an sehr vielen Eibenhecken erfolgreich praktiziert.

. . . .

Jetzt sind viele kleine und große

Sträucher voll von prallen,

sich öffnen wollenden Knospen.

Und nichts wird sie davon abhalten,

in den kommenden Wochen

förmlich zu explodieren.

. . . .

Der Garten kann warten, aber wir nicht!

▶············· ODER WIE DIE ENGLÄNDER ZU SAGEN PFLEGEN: DER FRÜHE VOGEL FÄNGT DEN WURM. Die Märkte und Gartencenter sind oft schon im März vollgestopft mit schönsten Frühjahrsblühern und die Lenzrosen sind in voller Blüte. Wer jetzt seine Forsythien für die Vase schneidet, wird in spätestens einer Woche eine super Schau auf der Fensterbank oder dem Tisch haben. Es ist schon richtig Osterstimmung - nur ohne Ostern.

············· *In den Gartencentern und Gärtnereien füllen sich die Tische mit vielen tollen, ungewöhnlichen winterharten Stauden. Sie sehen zwar noch nicht nach viel aus, doch wer jetzt damit beginnt, sich beraten zu lassen und in den nächsten drei bis fünf Wochen seine Stauden pflanzt, der kann schon Mitte/Ende Mai mit einer üppigen Pracht rechnen.* ·············

Ich denke zu dieser Zeit besonders an die vielen Menschen, die so etwa fünf Wochen vor der Konfirmation ihrer Liebsten in die Gärtnereien kommen und sich einen sofortigen, tollen Effekt in ihren Rabatten wünschen; sozusagen einen „Instant Garden", volle, üppige Beete, die der lieben Schwiegermutter förmlich aus dem Vorgartentor entgegenwachsen sollen. Bitte tun Sie mir, vielen Gärtnern, Gestaltern und vor allem sich selbst einen großen Gefallen und kümmern Sie sich jetzt um den Garten. Denn bis alles besprochen, entschieden, bestellt und gepflanzt ist, sind schwuppdiwupp die Ostertage vorbei und Sie befinden sich in einem zeitlichen Dilemma, weil in wenigen Tagen Konfirmation ist.

Warum fällt uns eigentlich nicht im Winter ein, dass wir unseren Garten in aller Ruhe überdenken und eventuell mit einem Fachmann besprechen könnten? Ich war einmal zu Gast auf einem Gartenbausymposium und konnte beobachten, wie alle Gärtner unruhig hin und her liefen und telefonierten, weil sie eigentlich in ihren Firmen sein sollten, denn ganz plötzlich, nach drei sonnigen Frühlingstagen, hörte das Telefon nicht mehr zu klingeln auf. Irgendwie scheint allen sich im Winterschlaf befindlichen Gartenbesitzern so ganz plötzlich eingefallen zu sein, dass sie ja auch einen Garten haben: „Wollten wir nicht die Terrasse neu machen? Da könnten wir doch mal kurz jemanden anrufen und der könnte uns die Terrasse doch schnell bauen, damit wir - mit einem bisschen Glück - schon zu Ostern dort sitzen und feiern können."

Well, sorry, aber so funktioniert das nicht … Wir Gärtner und Gartenbauer sind gar nicht in der Lage, all die Bedürfnisse der ungeduldigen Kunden ad hoc zu erfüllen. Ein Garten bedarf der Planung, der Überlegung und Abstimmung - und all dieses braucht Zeit, ausreichend Zeit! Wer übereilt planen und bauen lässt, wird fast immer vom Resultat enttäuscht und bekommt nicht immer die Qualität, die er sich vorgestellt hat, da er nur einer von vielen in der langen Warteschlange ist.

Wenn Sie wirklich einen Garten oder auch nur Teilbereiche neu planen lassen wollen, dann machen Sie das im Winter. Und dann lassen Sie den Garten im Sommer oder Herbst in aller Ruhe bauen, wenn die Angebote günstiger und die Firmen nicht ganz so überlastet sind mit all den anderen Aufgaben, die im Frühjahr auf sie zukommen. Nehmen Sie sich Zeit für die Auswahl der Materialien und der Pflanzen, damit der Garten auch das ganze Jahr über blüht und Sie nicht, wie ich ihn zu nennen pflege, mit einem Konfirmationsgarten enden: Ein Garten, der Ende Mai und Anfang Juni wunderschön blüht und dann vor sich hin grünt. Glauben Sie mir, der Garten kann warten.

Jetzt ist er da!

▶ ·························· OFT SCHEINT ER FAST ÜBER NACHT GEKOMMEN
ZU SEIN. Seit Monaten ringe ich mit Gartenthemen, die zur Saison
gehören, und nun sind es so viele auf einmal, dass ich gar nicht weiß,
worüber zuerst berichtet werden sollte. Schön, dass mir die Natur
dabei immer auf die Sprünge hilft. Anfang März sind zum Beispiel in
den Gärtnereien die wichtigen Obstgehölze eingetroffen, die eigentlich bis Ende März, spätestens aber bis zu Ostern gepflanzt sein sollten, sonst ziehen sie nicht mehr genug Kraft aus dem neuen Standort,
um die erste Frucht zu produzieren, und schmeißen die Früchte nach
der Blüte ab.
Bevor die Balkonbesitzer nun stöhnen, ist Einhalt geboten:

*·························· Es gibt ausgesprochen viele Obstgehölze, die toll auf den
Balkon passen, besonders die vielen kleinen Obstspaliere mit echten Äpfeln
sind ein Hit. Man kann an den Fuß des Spaliers auch noch eine späte
Clematis im Topf stellen, diese klettert dann während des Sommers liebevoll
am Spalier hoch und blüht zur Apfelernte. ··························*

„Ernte" ist vielleicht übertrieben, aber so 8 bis 12 Äpfel kann so ein
kleines Spalier schon bieten. Wichtig ist bei Äpfeln, dass zwei unterschiedliche Sorten gepflanzt werden, die sich gegenseitig bestäuben
können, damit überhaupt Früchte ausgebildet werden. Wenn Sie
hierfür nicht genug Platz haben, überreden Sie doch einen Ihrer
Nachbarn, sich auch ein Apfelspalier auf den Balkon zu stellen. Dies
gilt im Übrigen nicht nur für den Balkon, auch im Garten sollten
Äpfel oder Birnen nicht alleine stehen, damit die Bienen den Pollen
von Baum zu Baum tragen und so das Obst zum Fruchten bringen.
Bitte fragen Sie immer beim Kauf eines Apfelbäumchens, welcher
andere Apfel gut dazu passen könnte, denn auch sie sind zimperlich
und recht anspruchsvoll in der Auswahl ihrer Paarungspartner. Sor-

ten wie die Birne 'Poirier Conference' oder 'Poirier Delbard Delice' sind besonders empfehlenswert. Bei Äpfeln eignet sich sehr die gute alte Sorte 'Belle De Boskoop' als Kochapfel und 'Pommier Cybele' als schöner, roter Speiseapfel. Ich könnte mir vorstellen, dass sich auch die neuen selbstbefruchtenden Kiwi-Sorten sehr gut für den Balkon eignen, da sie schnell wachsen und so den Balkon rasant in eine grüne Oase verwandeln. Kiwis brauchen allerdings wegen ihres sehr robusten Wuchses auch eine starke Rankhilfe, und vielleicht sollten Sie auch vorsichtshalber mit den Balkonbesitzern über Ihnen sprechen, falls die Pflanzen außer Rand und Band geraten.

Für den Balkon fällt mir auch noch die Walderdbeere ein, die im großen Spalierbaumtopf als bezaubernder Bodendecker einsetzbar ist. Preisel- und Blaubeeren vertragen Schatten gut und können ohne Weiteres hinter der Balustrade auf dem Boden des Balkons gut überleben und fruchten – vorausgesetzt der Boden ist sauer genug – Kalk mögen sie überhaupt nicht!

Für große und kleine Gärten, das Gartenhaus oder den Schrebergarten sind die hochstämmigen Obstgehölze aus meiner Sicht unentbehrlich, vor allem auch, weil es aktuell viele neue, aber auch altbewährte Sorten wieder auf dem Markt gibt.

Für den kleinen Garten würde ich immer zum Halbstamm tendieren, denn er verschattet den Garten nicht so sehr. Es handelt sich hierbei um eine Baumveredelung auf einem Sämling in 1,20 m Höhe. Auch bei Stachel- und Johannisbeeren, die eigentlich in keinem Garten fehlen sollten, empfehle ich aus Bequemlichkeitsgründen Hochstämmchen. Die folgenden Sorten kann ich Ihnen empfehlen, damit Sie in der Baumschule oder im Gartencenter nicht mit der Qual der Wahl konfrontiert werden. Die 'Konstantinopler Apfelquitte' ist zum Beispiel selbstbefruchtend. Wichtig wäre noch, dass Sie nicht zu ungewöhnliche Apfel- und Birnensorten aussuchen, da diese leicht zu Krankheiten neigen und dann schnell keine Freude mehr machen. Also bleiben Sie bei guten alten Sorten wie 'Gravensteiner', 'Pinova' oder 'Topaz'. Und wie gesagt, wenn Sie noch im selben Jahr Früchte wollen, dann bitte im März pflanzen, nach Ostern ist es zu spät.

Liebe Frau Pape,
ich habe seit drei Jahren einen Apfelbaum der Sorte 'Topaz'. Er hat
in den ersten zwei Jahren gut ausgetrieben und auch schon einige
Äpfel getragen. In diesem Frühjahr ist er komplett kahl geblieben, die
Knospenansätze sind völlig verdorrt und scheinen erfroren zu sein,
ebenso die kleineren Zweige. Der Stamm und die größeren Äste sind
unter der Rinde noch grün, aber es zeigen sich nicht die geringsten
Anzeichen eines Austriebs. Besteht die Chance, dass der Baum noch-
mal austreibt, oder kann ich ihn abschreiben?
Vielen Dank und mit freundlichen Grüßen, A. D.

Liebe Frau D.,
das sieht leider nicht gut aus mit Ihrem Apfelbäumchen; wenn innerhalb der nächsten Wochen immer noch kein Blättchen erschienen
ist, können Sie wohl davon ausgehen, dass er es auch im nächsten
Jahr nicht mehr schaffen wird und Sie ihn getrost, aber traurig, entsorgen können. Wie Sie schon richtig geschrieben haben, sind bereits
die Knospenansätze vertrocknet. Das kann am Frost gelegen haben,
wahrscheinlicher ist aber, dass der Baum regelrecht vertrocknet ist.

Sehr geehrte Frau Pape,
wir haben an einer Grundstücksseite einen Buchenhain mit acht
zum Teil alten Buchen. Zwischen den Bäumen würden wir gerne etwas pflanzen, am liebsten Bodendecker mit weißen Blüten. Naturge-
mäß ist dieser Ort recht schattig und die Buchen ziehen im Sommer
viel Wasser aus dem Boden, sodass bislang jeder Versuch der Begrünung fehlgeschlagen ist.
Haben Sie einen Tipp? S. S.

Liebe Frau S.,

hier zeigt sich nun sehr schön anschaulich, warum ich mich besonders über Anfragen mit lateinischen Pflanzennamen freue, damit
es keine Missverständnisse gibt, und in Ihrem Fall ist der kleine
Unterschied essentiell. Sollte es sich nämlich um einen Hain aus
Rotbuchen *(Fagus sylvatica)* handeln, dann kann ich Ihnen keine
Unterpflanzungsvorschläge geben, denn unter Rotbuchen wächst,
von dem einen oder anderen vereinzelten Farn mal abgesehen, rein
gar nichts. Ein schönes Beispiel hierfür sind die großen und kleinen
Rotbuchenwälder. Nur ganz selten findet man im frühen Frühling
an Stellen, wo die Bäume nicht so dicht stehen, Frühjahrsblüher, wie
Buschwindröschen *(Anemone nemorosa)*, in England auch viel wilde
Hyazinthen *(Hyacinthoides non-scripta)* oder in Frankreich Alpenveilchen *(Cyclamen)*. Das wären somit auch die einzigen Pflanzen, die
ich Ihnen dann empfehlen könnte, aber dann müsste man auch das
dicke, schwer vergängliche Laub jedes Jahr entfernen, was vielleicht
nicht in Ihrem Interesse ist.

Sollte es sich hingegen um *Carpinus betulus,* die Hainbuche handeln,
dann stehen Ihnen wesentlich mehr Pflanzenarten zur Unterpflan-
zung zur Verfügung. Wichtig ist, das anfallende Laub im Herbst
nicht zu entfernen, damit dies eine Art Laubmulchschutz für die neu
gepflanzten Pflanzen gibt. Hier bieten sich vor allem Schattengräser
wie Seggen, zum Beispiel *Carex morrowii,* die Japanische Segge, oder
C. ornithopoda, die Vogelfußsegge oder die schöne Rasenschmiele
(Deschampsia cespitosa) an. Besonders dicht und vor allem auch immergrün sind die Waldhainsimsen wie *Luzula nivea* oder *L. sylvatica.*
Wichtig ist, nicht zu versuchen, an schwierigen Orten im Garten
komplizierte Pflanzungen anzustreben. Oft ist hier auch einfach nur
der bewährte Efeu empfehlenswert, denn der stört sich nicht an der
Wurzel- und Wasserkonkurrenz der Buchen und sieht großflächig
mit ein paar Gräsern dazwischen sehr elegant aus.

Es darf ruhig schon geblüht werden

▸.............................. SIE KENNEN DAS JA SCHON, dass wir Gärtner gern den Wetterberichten mit ihren Hiobsbotschaften von Kälte und Schnee trotzen und uns an der aufkommenden Frühlingslust im Garten erfreuen.

Jetzt sind viele kleine und große Sträucher voll von prallen, sich öffnen wollenden Knospen. Einer meiner Favoriten für den kleinen Garten ist eine kleine japanische, geschlitzte Zierkirsche namens *Prunus incisa* 'Kojou-no-mai'. Drei Wochen lang im März/April öffnen sich rosafarbene Knospen an sehr malerisch geformten, fast schwarzen Trieben zu weißen, bezaubernden Blüten. Während des Sommers hat dieser Strauch, der etwa 1,50 m breit und 1 m hoch werden kann, dann ein sehr schönes, lanzettliches Laub, das sich im Herbst zuverlässig in ein betörend feurig-rot-oranges Inferno verwandelt, er brennt allerdings nicht ab. Übrigens kann dieser Strauch in milderen Klimazonen bis zu 2,50 m hoch werden, wundern Sie sich also nicht wenn er auch in Ihrem Garten die von heimischen Baumschulen angegebene Höhe weit übersteigt. Keine Sorge, er lässt sich gut zurückschneiden.

Nun aber zu allden anderen Bezauberern des Frühjahrs, denn auch im Beet sollten jetzt die kleinen Traubenhyazinthen *(Muscari)*, Märzenbecher *(Leucojum)* und Schachbrettblumen *(Fritillaria meleagris)* blühen. Übrigens sollten Sie diese Zwiebeln, wenn Sie sie denn im Topf gekauft haben, nach der Blüte ins Beet oder in den Balkonkasten versenken. Ich sage mit Absicht versenken, weil es wichtig ist, die Zwiebeln dreimal so tief zu setzen wie die Zwiebel hoch ist, damit sie im darauffolgenden Jahr wiederkommt. Bitte auch das Laub nicht entfernen, auch wenn es optisch stört.

............................*Ein guter Platz für die Zwiebeln ist im Mittelgrund im Beet, damit man die sterbenden Blätter nicht so wahrnimmt.* ....

Auch bei den Stauden gibt es Kandidaten, die man im März/April im Topf hervorragend bis Ostern als Dekoration in die Wohnung oder auf die Terrasse stellen kann, um sie dann nach der Blüte ins Beet zu pflanzen. Hier sollten als Erstes die fröhlich blühenden Aurikeln genannt werden. Ich habe mich in meinen ersten Jahren nicht getraut, Ihnen diese „altmodischen Damen" zu empfehlen, weil mir von allen Seiten gesagt wurde, dass sie nicht winterhart seien, doch das kann ich jetzt widerlegen. In unserem kleinen Schau- und Nutzgarten wachsen und blühen sie glücklich und fröhlich unter den Apfelspalieren. Diese horizontal gezogenen Apfelspaliere, die ideal für den kleinen Garten sind, blühen im April/Mai zusammen mit den Aurikeln, und diese blühen wochenlang mit ihren goldumrandeten, altmodischen Blüten. Bitte nicht mit der goldumrandeten Schlüsselblume *Primula elatio*r 'Gold Lace' verwechseln, die genau die gleiche Schattenverträglichkeit hat und deren roten Blütenblätter auch von einem goldenen Reif umrahmt sind. Zu den richtigen Beetstauden, die ab April/Mai zu blühen beginnen, gehört das Kaukasusvergissmeinnicht *(Brunnera macrophylla)*, das dem blauen Vergissmeinnicht *(Myosotis)* zwar ähnelt, aber nicht wirklich eng mit ihm verwandt ist, und dem, wie der Name schon sagt, etwas kältere Gefilde gut gefallen. Im Gegensatz zum zweijährigen Vergissmeinnicht ist das Kaukasusvergissmeinnicht eine Staude und somit mehrjährig und ausdauernd. Eine besonders schöne Sorte, die durch ihr weißgesprenkeltes Laub betört, ist *B.* 'Jack Frost'. Und, last but not least, sollten Lungenkraut *(Pulmonaria)* und das Gedenkemein *(Omphalodes)* in Kürze in Ihrem Beet blühen. Das Gedenkemein blüht in Himmelblau oder Weiß und heißt auf Lateinisch wie der Frühling *O. verna*. Die Sorte 'Alba' blüht nicht rosa-blau, sondern weiß. Pulmonarien sind exzellente Begleiter für Rosen in Beeten. So trägt zum Beispiel *Pulmonaria* 'Sissinghurst White' auch weiße Blüten über einem gesprenkelten Blatt, das hervorragend im Halbschatten der langsam heranwachsenden Rose gedeiht.

* * *

Aus meiner Sicht braucht man

schon ein wenig Mut,

sich eine Magnolie in den Garten

zu stellen, aber den haben wir ja.

* * *

Wenn der Frühling Pause macht ...

▸............................ WIE SO OFT, WENN MAN DENKT, DASS ES NUN WIRKLICH UND ENDLICH FRÜHLING IST, trügt der Schein und es schneit noch einmal, wie wenn Weihnachten kurz vor der Tür stünde. Ich jedenfalls habe im April genug vom Schnee und kann das weiße Nass nicht mehr sehen. Wie die Pflanzen sich fühlen, weiß ich allerdings nicht einzuschätzen. Das Einzige, was ich Ihnen versprechen kann, ist, dass nach dem Abtauen wesentlich weniger im Garten gestorben sein wird, als Sie befürchten. So habe ich in meinem eigenen Garten mit Erstaunen festgestellt, dass aller Lavendel auch den langen Winter 2010/2011 überlebt hat, ja sogar meine seltene chinesische Rose *Rosa chinensis* ‘Mutabilis’ und die sehr empfindlichen, jungen Feigenbäumchen haben den Winter gut überstanden. Das sind die guten Nachrichten. Schlechte gibt es höchstens beim geliebten Rasen, der wird sich vielerorts, trotz Schneeschmelze, weiß zeigen, weil er Schneeschimmel hat. Keine Sorge, der vergeht wieder, sobald die Tagestemperaturen ansteigen.

Trotzdem habe ich für mich jetzt entschieden, dass Frühling ist, habe unzählige Stauden gekauft und die Beete vorbereitet. Denn jetzt ist der richtige Moment, die braunen abgestorbenen Reste der Stauden gänzlich herunterzuschneiden und auf den Komposthaufen zu geben. Es sollten eigentlich im Beet nur noch die Rosen bleiben und die Gehölze. Für die Rosen ist es im März aus meiner Sicht noch zu früh, denn wenn der Frost in die frische Schnittstelle eindringt, sterben die dahinter liegenden Knospen. Nur keine Sorge, die Natur holt die anscheinend verlorene Zeit immer wieder auf. Wenn Sie Ihre Rosen also erst gegen Ende März oder gar Mitte April schneiden, so wie ich meine, dann werden sie trotzdem üppigst im Juni blühen. Was man allerdings jetzt bereits schneiden kann, sind die im Sommer blühenden Gehölze.

.... *Frühjahrsblüher wie die Forsythie, von der ich viele in den Gärten ungeliebt und ungeschnitten sehe, schneidet man direkt nach der Blüte – und zwar kräftig! Schneiden Sie ruhig auch ein paar alte und greise Äste heraus.* ....

Frühblühende Hartriegel wie die Kornelkirsche (*Cornus mas*) werden auch erst nach der Blüte geschnitten. Der Rote Perückenstrauch (*Cotinus coggygria* 'Royal Purple') fällt mir auch oft in den Gärten auf und vor allem, dass keiner weiß, was man mit ihm tun sollte. Auch er sollte einmal kräftig geschnitten werden, damit die dunkelroten Blätter an den jungen Trieben ihre ursprüngliche Leuchtkraft wiederbekommen. Er darf ruhig um ein Drittel heruntergeschnitten werden. Und zwar ein bisschen wie beim Frisör, ein wenig gestuft und nicht alles auf einer Höhe. Sträucher haben nämlich einen Charakter, und den nehmen wir ihnen leicht, wenn wir alles auf eine Höhe schneiden wie beim berühmten Topfschnitt, den Väter ihren Söhnen früher gerne verpassten. Natürlich sollten Sie nicht das Ziel aus dem Auge verlieren, dass Sie mit der Pflanzung des Strauchs beabsichtigten. Wenn er die Sicht zum Nachbarn versperren soll, muss natürlich vorsichtiger geschnitten werden.

Der Schmetterlingsstrauch oder Sommerflieder ist dagegen kein Strauch, der sich dazu eignet, den Nachbarn zu verdecken – er sollte jetzt ganz heruntergeschnitten werden, also auf etwa 50 cm über dem Boden. Wer sich das nicht traut, kann auch nur bis auf 1 m über dem Boden alle Äste abschneiden. Je radikaler dieser schöne Blühstrauch geschnitten wird, desto mehr Blüten produziert er „aus Dankbarkeit" im Sommer.

Hortensien liegen vielen im Frühjahr auf der Seele, und jetzt ist die Zeit, sie zu schneiden. Rispenhortensien können recht kräftig geschnitten werden, sind aber blühwilliger, wenn sie nur leicht gekürzt werden. Ein zusätzlicher Vorteil bei dieser Hortensiensorte, wenn nur leicht geschnitten wird, ist die Tatsache, dass die sich dann formenden Blütenrispen kleiner sind, was den Strauch nicht so stark überhängen lässt, als wenn er große, schwere Blüten trägt. ....▸

Ballhortensien wie meine momentane Lieblingssorte 'Annabelle' werden jetzt so weit zurückgeschnitten, wie man es sich zutraut, und wie im wirklichen Leben – je mutiger desto größer ist die Überraschung, wenn alles gut geht und die Hortensie blüht wie noch nie. Bei älteren Ballhortensien und vielen der neuen 'Everlasting-Summer'-Sorten, würde ich ein Drittel der Stämme nur etwas kürzen, ein Drittel kräftiger schneiden und ein Drittel ganz herunterschneiden, sodass man auch hier ein wenig auf die Struktur achtet. Und dann sind da natürlich noch die Hartriegel mit den bunten Jungtrieben, die gänzlich heruntergeschnitten werden sollten, damit sie diese leuchtenden Farben am jungen Stamm beibehalten.

... und wenn er Gas gibt

▶............................ ICH ERINNERE MICH AN EIN PLÖTZLICH HEIS-SES FRÜHJAHR IN BERLIN, ich glaube es war im Jahr 1995, als noch nicht ein einziges Blatt an den Bäumen zu sehen war und auch noch so gut wie nichts blühte – noch nicht einmal die Forsythie. Und urplötzlich standen die Spargelverkäufer an den Straßenrändern. Ich hoffe sehr, dass dies nicht zu oft passiert, denn dann huscht das Frühjahr im Nu vorbei und wir verpassen den Genuss der einzelnen Überraschungen, die diese Jahreszeit jedes Jahr so verblüffend immer wieder neu hervorbringt.

Sollten Sie vorhaben, einmal Ihren Spargel selbst anzubauen, empfehle ich Ihnen, dies so bald wie möglich zu tun, denn er braucht eine ganze Weile, also etwa drei bis vier Jahre, bis er Ertrag bringt. Machen Sie nicht den gleichen Fehler wie ich in meinen zweiten Garten. Ich wollte so gern auch einmal eigenen Spargel haben, jedoch erschien mir die Warterei bis zur ersten Ernte zu lang, und so pflanzte ich ihn dann doch nicht. 19 Jahre später ärgere ich mich noch immer, dass es nach wie vor keinen eigenen Spargel gibt, dabei hätte ich jetzt bereits seit 15 Jahren ernten können. Der Garten und seine Zeitabläufe spielen einem oft diesen Streich. Gerade denkt man noch, dass eine Pflanze noch lange braucht, bis sie einmal groß ist, und überlegt hin

und her, ob man sie überhaupt pflanzen soll, und unversehens ist sie zu einem großen Baum herangewachsen, der einem den halben Garten verschattet. Dann ist dieser einem so ans Herz gewachsen, dass er fast zur Familie gehört und man nie auf die Idee kommen würde, ihn zurückzuschneiden oder gar zu fällen - bis vielleicht jemand anderer das Grundstück kauft und sich maßlos über den großen Baum ärgert, den er nicht mehr fällen darf.

Seit meinem Erlebnis mit dem Spargel hilft mir das englische Sprichwort *„Pflanze, als ob du hundert Jahre alt würdest, und jäte, als ob du morgen stürbest"* immer sehr dabei, drauflos zu pflanzen. Wenn Sie also immer schon vorhatten, einen Baum zu pflanzen, aber sich von dem Gedanken haben bremsen lassen, dass es keinen Sinn hätte, weil es zu lange dauern würde, dann lassen Sie sich von mir sagen: Es lohnt sich immer und Sie werden viele Jahre Freude an ihm haben. Wer jetzt Mut gefasst hat, der hat Glück, denn im April ist Pflanzzeit.

.... Ulme, Buche, Eiche oder Linde sind keine idealen Bäume für einen kleinen Garten oder einen Vorgarten. Diese Großbäume sind mit einem Mindestabstand von 9 bis 13 m vom Haus entfernt zu pflanzen. ....

Auch Weiden und Pappeln sollten nicht näher als 7 bis 9 m vom Haus entfernt gepflanzt werden. Da der Pflanzabstand zum Nachbargrundstück je nach Bundesland und Gemeinde und Baumgröße 2-3 und mehr Meter einzuhalten ist, empfiehlt es sich für viele kleine Gärten, auf kleinere Bäume zurückzugreifen. Wer aber ein großes Grundstück hat, der sollte unbedingt den Schattenwurf, der einmal entstehen wird, beachten. Ein großer Baum, an der Südgrenze gepflanzt, kann ohne Weiteres in 30 bis 40 Jahren einen gesamten Südgarten von 600 m² verschatten, besonders im Frühjahr und Herbst, wenn die Sonne noch nicht sehr hoch steht. Große Bäume daher bitte möglichst an die Nord- oder Westgrenze setzen, damit Sie sich die wichtige Sonne für den Garten nicht nehmen und der Nachbar den Schatten abbekommt.

Die perfekte Zeit für den Kräuterkauf

▶............................ AUCH WENN ES IM MAI NACHTS NOCH RECHT
KALT WERDEN KANN und der eine oder andere Nachtfrost bestimmt
noch kommt, ist für all diejenigen, die sich darüber beschweren, dass
Kräuter so schwer durch den Winter zu bekommen sind, jetzt ein
guter Moment, Kräuter zu kaufen, damit man lange etwas von ihnen
hat. Überhaupt bin ich der Meinung, dass man alle Kräuter unter der
Prämisse kaufen sollte, dass sie nur eine Saison halten. Alle Kräuter,
die dann die nächsten Winter durchhalten, sind ein zusätzliches
Geschenk. Wer jetzt seine Kräuter kauft, profitiert einfach wesentlich länger von ihnen, kann sie als viel kleinere Pflanze einkaufen
und sogar noch selbst weiter vermehren. Kleine Kräutertöpfe passen
übrigens hervorragend zwischen die Doppelscheiben eines Berliner-
oder Altbau-Fensters, denn vor allem die weichblättrigen Kräuter wie
Minze, Zitronenmelisse, Salbei oder Oregano, wollen noch nicht in
den Garten und halten erheblich länger zwischen den Scheiben. Dort
sind sie vor dem Austrocknen durch Wind sicher (allerdings sollten
sie trotzdem gewässert werden), und vor allem sind sie nicht der für
Pflanzen sehr schlechten Heizungsluft ausgesetzt.
Lavendel, Rosmarin und Thymian machen späte Fröste nicht wirklich zu schaffen, dennoch kann man auch diese durchaus, wenn die
Töpfe klein genug sind, zwischen die Fenster stellen. Wenn dann die
letzte Gefahr von Nachtfrost gebannt ist, können sie auf den Balkon
oder in den Garten. Spannend ist vielleicht auch zu wissen, dass
sehr viele der alltäglichen Kräuter, auch wenn sie äußerlich kaum
Ähnlichkeit miteinander haben, aus der gleichen Familie stammen.
So sind Rosmarin (*Rosmarinus*), Lavendel (*Lavandula*), Salbei (*Salvia*),
Thymian (*Thymus*), Minze (*Mentha*) und Basilikum (*Ocimum*) an-
gehörige der Familie der Lippenblütenfamilie (*Lamiaceae*), welche
allesamt aus mediterranen Regionen stammen. Erkennen kann man
die Familienähnlichkeit lediglich an den, wenn auch unterschiedlich

großen, so doch sehr ähnlichen Blüten, nämlich den Lippenblüten. Gut zu beobachten sind diese Lippenblüten beim Rosmarin, da er recht auffällig und mit größeren, blauen Blüten blüht. Beim Lavendel stehen die Blüten so dicht gedrängt, dass man die von unten vorgeschobene, „schmollende" Unterlippe nicht so gut erkennen kann.

.............................Wer Lavendel oder Rosmarin selbst vermehren möchte, kann ab Anfang April die noch weichen Triebe schneiden und in ein sehr wasserdurchlässiges Substrat stecken, oder dann im Spätsommer – nach der Blüte – die leicht verholzten Triebe nehmen. ....

Während der Blüte eignet sich die Pflanze nicht gut zur Stecklingsvermehrung, dies ist aber ein sehr guter Moment, die Blüten zu ernten, um zum Beispiel Lavendelzucker anzusetzen. Hierzu reicht ein Blütenstiel für 1 Pfund Zucker. Wer Lavendel trocknen möchte, sollte ihn direkt vor der Öffnung der Blüten schneiden, und zwar knapp über dem Blattansatz, dann zu kleinen Bündeln binden und an einen trockenen, schattigen Platz hängen. Dies ist übrigens auch eine sehr schöne Aufgabe, die man leicht und gern zusammen mit Kindern machen kann. Geben Sie den Kindern die kleinen Stiele zum Bündeln und später können Sie daraus dann auch die Lavendelsäckchen machen, die man dann, was wirklich schön ist, zwischen die Badewäsche legen kann. Für Kinder ist es ein großes Erlebnis, unterschiedliche Kräuterdüfte kennenzulernen. Es hilft ihnen auch sehr, Verbindungen mit der Natur zu knüpfen, vor allem wenn sie diese Düfte auf Reisen wiederentdecken.

Ich möchte nicht versäumen, Ihnen ein paar Tipps zu den Kräutern zu geben, die wir so in unserem täglichen Leben brauchen. Zuerst einmal unterscheide ich verholzende und mehrjährige Kräuter, wie Rosmarin, Salbei, Thymian, Liebstöckel, Schnittlauch, Französischer Estragon unbedingt von den einjährigen Kräutern, wie Basilikum, Petersilie, Dill oder einjähriges Bohnenkraut, denn sie brauchen gänzlich unterschiedliche Bedingungen. ....▶

Während die einjährigen Kräuter am besten aus Samen zu ziehen sind, sollten die verholzenden Kräuter eher als Topfpflanze gekauft werden, da sie nicht nur schwer zum Keimen zu bringen sind, sondern auch sehr lange brauchen, bis sie eine erntebare Größe erreicht haben. Auch die Wachstumsbedingungen der Kräuter sind gänzlich unterschiedlich. Während die verholzenden, meist mediterranen Kräuter am liebsten in voller Sonne stehen, damit ihre Blätter die ätherischen Öle entwickeln können, bevorzugen nicht alle Einjährigen die knallige Sonne. Kerbel, Dill und Koriander zum Beispiel neigen an einem vollsonnigen Platz im Beet dazu, kurz nach dem Keimen bereits zu blühen.

Ich empfehle sehr, einjährige Kräuter, besonders Basilikum, Koriander, Petersilie und Dill jetzt als Saatgut zu kaufen und auszusäen. Auf dem Balkon würde ich diese nicht in die hochliegenden, sonnigen Kästen säen, sondern etwas versteckt hinter der Brüstungsmauer. Wichtig ist für das Keimen dieser Kräuter, dass sie ein wenig vor dem Wind und der knalligen Sonne geschützt sind, die das Keimen stark einschränken.

.... *Mit der Petersilie ist es nicht ganz so leicht, sie keimt etwas schwer, was die Engländer zu der These gebracht hat, „der, der die Petersilie zum Keimen bringt, hat die Hosen an im Haus". Mit anderen Worten: Lassen Sie mal alle aus der Familie ran, wenn es an die Petersilie geht.* ....

Wichtig ist beim Säen der Kräuter, nicht die ganze Saat auf einmal auszusäen, sondern alle zwei bis drei Wochen nachzusäen, damit man durch den ganzen Sommer Kräuter für die Küche hat. Das von uns so geliebte Basilikum, das man gern auch mal als Topfpflanze aus dem Supermarkt mitnimmt, kollabiert aber meist bereits, wenn man zu Hause angekommen ist und die Schutzhülle abgezogen hat. Auch dies würde ich aus Saat ziehen, denn selbst gezogenes Basilikum ist viel robuster und außerdem kräftiger im Geschmack als das aus gekauften Töpfen. Probieren Sie es doch einfach einmal aus. Ansonsten empfehle ich das Strauchbasilikum, dies ist ein etwas purpurlaubiges, oft hochstämmiges, verholztes Basilikum, das sehr aromatisch ist und

auch unbedingt auf den Tomaten-Mozzarella-Salat gehört. Wichtig bei der Ernte des Basilikums ist, nicht nur die benötigten Blätter von den Stängeln abzupflücken, sondern immer die ganze Spitze herauszubrechen, damit sich die Pflanze aus den seitlichen Knospen wieder weiterentwickeln kann. Diese Methode verzögert vor allem auch die Blüte, die allerdings bei Basilikum nicht das Ende der Pflanze sein muss, denn Basilikum ist auch blühend essbar, aromatisch und sehr dekorativ. Das Gleiche gilt für die Blüten von Schnittlauch, Thymian, Origanum, Borretsch, Minze und Koriander. Zu viele Kräuter kann man gar nicht haben, und wenn Sie doch einmal von einem Kraut zu viel auf einmal haben, dann ernten Sie dies, tüten es ein und dann ab in die Tiefkühltruhe.

Von Magnolien
und anderen Schätzen

▶·························· JEDES JAHR ÜBERRASCHT ES MICH WIEDER, mit
welcher Geschwindigkeit im Mai der Garten die verlorene Zeit auf-
holt, und es ist fast eine Bestrafung, sich ein Thema, das zur Jahreszeit passt, heraussuchen zu müssen, denn alles passiert auf einmal.
Die Osterglocken werden von den Tulpen abgelöst und die ersten
Stauden zeigen ihre vorwitzigen Triebe. Einer meiner Favoriten um
diese Jahreszeit ist die *Pulsatilla*, die im Deutschen den nicht ganz so
inspirierenden Namen Kuhschelle trägt, da lobe ich mir doch den
Namen, den meine aus Belgien stammende Kollegin Isabelle verstan-
den hatte, sie dachte, wir nennen sie Kuschelblume, was eigentlich
auch der richtige Name wäre. Denn man fragt sich wirklich, wie diese
kleinen, lieblichen, mit weichem Flaum behafteten Blätter und Blüten sich so bezaubernd aus der so dunklen und kalten Erde drängen,
und sie behält diese Attribute bis zum Schluss, denn selbst für ihren
Samenstand bildet sie einen bezaubernden flauschigen Ball im Sommer. Es gibt diese ersten Boten des Beets in schönstem Lilablau, Rot,
aber auch einem sanften Elfenbeinweiß, das die kräftigen Farben jetzt
ablöst.
Bei den Gehölzen sind es noch immer eher die sanften Farben, die
im Mai dominieren, vor allem bei den frühen Rhododendren. Übrigens ist dies jetzt der ideale Moment, Rhododendren und Azaleen
mit einer kräftigen Mulchung aus Rhododendronerde zu beglücken;
und bevor der Mulch aufgetragen wird, sollte darunter eine gute
Handvoll Erikazeendünger verteilt werden. Während der Blüte ver-
braucht die Pflanze nämlich die meiste Energie.
Aber eigentlich wollte ich heute mein Augenmerk auf die Magnolien werfen. Ich habe ihnen gegenüber ein eher gespaltenes Verhält-
nis, weil meine ganzen Erwartungen der letzten Wochen in einer

einzigen Nacht zerstört werden könnten. Aber trotzdem haben wir
natürlich auch an der Gartenakademie an ein zwei versteckteren
Plätzchen eine Magnolie. Für den kleineren Garten empfehlen
sich die Magnolien aus der *Stellata*-Gruppe, also die Sternmagnolie
(Magnolia stellata) und ihre Sorten. Es handelt sich bei ihnen um
kleine, schwachwüchsige Sträucher, die, wie der Name schon besagt,
eine sternförmige, meist weiße Blüte mit schmalen Blütenblättern
ausbilden. Eine ganz besonders schöne, aber etwas größer werdende
Sorte mit frischrosa und weit offenen Blüten und *Stellata*-Herkunft,
ist die *Magnolia × loebneri* 'Leonard Messel'. Ihr ganz großer Vorteil
ist, dass sie etwas später blüht als die *Magnolia stellata*, also Mitte April bis Mai, und nicht im März bis April, sodass die Gefahr, die Blüte
im Frost zu verlieren, nicht so groß ist.

............................*Die großblütigen Magnolien, die Magnolia × soulangi-
ana, sind eher für einen größeren Garten geeignet. Sie blühen etwas später
und sind nicht ganz so empfindlich, was nicht heißen soll, dass sie nicht auch
in dem einen oder anderen Jahr dem Frost zum Opfer fallen.* ....

Auch empfehlenswert, wenn man ihr einen geschützten Ort bieten
kann, ist die Purpurmagnolie *(Magnolia liliiflora* 'Nigra'), die durch
ihre Rotfärbung der äußeren Blütenblätter betört. Es ist besonders
wichtig, Magnolien bei der Pflanzung nicht zu tief zu setzen. Aus
meiner Sicht braucht man schon ein wenig Mut, sich eine Magnolie
in den Garten zu stellen, aber den haben wir ja.

Sehr geehrte Frau Pape,
wir haben seit ca. 25 und 23 Jahren zwei große *Magnolia grandiflora*
im Garten, die dessen Gesicht eindrucksvoll mit prägen. Bisher sind
sie prächtig gediehen und blühten überreich. Dieses Jahr hören
sie nicht auf, gelbe Blätter zu werfen - je Baum zwischen 20 und 30
Blätter täglich, die langen Äste werden inzwischen kahl. Im Moment
beginnt auch der Austrieb und erste Knospenansätze sind zu erkennen. Sollen wir mit einem radikalen Rückschnitt oder einer Düngung
(evtl. mit Rhododendrondünger) eingreifen? Über ein baldiges Feed-
back würde ich mich freuen - die beiden Pflanzen sind uns wichtig.
K. S.

Liebe Frau Dr. S.,
das ist ja schrecklich, denn es ist eine so unglaublich schöne Pflanze, die dringend erhalten werden muss. Diese Magnolie leidet unter
extremer Trockenheit, und das mindestens seit Mitte/Ende Januar.
Es ist eine von vielen tausend Pflanzen, die in diesem Frühjahr seit
der Schneeschmelze so gut wie kein Wasser bekommen haben. Dieses
Jahr, 2011, hat es in den Monaten Februar bis Mitte April geregnet
und das Gartenwasser war in vielen Gärten bis Anfang April noch
abgestellt und so haben viele Menschen auch gar nicht ans Wässern
gedacht. Aber im April sind fast überall weniger als ein Drittel des
normalen Niederschlags gefallen. Ein so trockenes Frühjahr sind
viele unserer Gartenpflanzen nicht gewohnt, und schon gar nicht so
besondere Pflanzen wie Ihre Magnolien, die eher das feuchte englische Klima lieben. Es ist aber nicht zu spät, Sie sollten beginnen, die
Magnolie liebevoll regelmäßig zu gießen. Das Ergebnis wird langsam
kommen, da immergrüne Pflanzen länger brauchen, um ihr Glück zu
zeigen. Ich wünsche Ihnen viel Erfolg mit der Pflanze, die ich selbst
sehr liebe. Übrigens gilt für alle immergrünen Pflanzen, vor allem
Eiben zeigen ihren Missmut über Trockenheit durch orange gefärbte
Nadeln, bevor sie braun werden und sterben. Wässern hilft!

Sehr geehrte Frau Pape,
wir haben seit sechs Jahren einen gelbblühenden Rhododendron (Inkarho). Er hat den richtigen Standort und hat immer reichlich Blüten und bisher auch keinen Schädlingsbefall. Erstmalig in diesem Jahr haben wir Fraßstellen an den Blättern festgestellt. Meine Frau hat auf einem Blatt den roten Käfer entdeckt. In entsprechenden Büchern haben wir ihn nicht gefunden. Wir haben ihn also noch nicht identifiziert. Ob er der „Gefräßige" ist, kann nicht gesagt werden.
Meine Frau tippt auch auf Pilzbefall, obwohl wir ja eine lange Trockenperiode haben. Wer ist in unser Gartenparadies eingedrungen? Der Befall ist glücklicherweise nicht fortgeschritten. Der Strauch blüht wie gewohnt prächtig.
Können Sie uns einen Tipp geben, welcher Schädling hier für Unruhe sorgt?
Mit freundlichen Grüßen, P. N.

Lieber Rhododendronbesitzer,
der hübsche rote Käfer mit dem schwarzen Kopf ist ein Pappelkäfer und will mit recht großer Sicherheit nichts von Ihrem Inkarho-Rhododendron wissen. Aus dem Schadensbild allerdings, das Sie mir geschickt haben, können weder ich noch so einige andere Experten um mich herum was machen, denn alle Krabbelviecher, die ich kenne, knabbern an den Rändern und nicht an der Mittelrippe. Sehr ungewöhnlich und mich tatsächlich überfordernd Ihre Frage. Ich werde Ihr Schadensbild mit nach London nehmen und bei der ROYAL HORTICULTURAL SOCIETY fragen und mich dann wieder bei Ihnen melden.

Liebe Frau Pape,

wir haben Rhododendren, die über 30 Jahre alt sind. Jetzt machen sie uns aber großen Kummer, denn fast alle Triebspitzen sind schwarz. Ich habe bereits, so gut ich an die Triebe gelangen konnte, alle befallenen entfernt, aber jetzt weiß ich nicht weiter. Bitte, geben Sie mir einen Rat. Bemerken möchte ich noch, dass die Sträucher das ganze Jahr über reichlich mit Wasser versorgt werden.
Herzliche Grüße, R. K.

Liebe Frau K.,

ich glaube, Sie sind mit dem Problem nicht allein, zumal das Krankheitsbild von zwei eng zusammenarbeitenden Feinden kreiert wird. Wenn Sie mit Triebspitzen die neuen Knospen meinen, so handelt es sich hier nach aller Wahrscheinlichkeit um einen Befall durch einen Pilz *(Pycnostysanus azaleae)*, der eine direkte Beziehung zur Rhododendronzikade hat. Der Pilz gelangt nämlich bereits im Herbst in die kleine sich bildende Knospe, wenn die Zikade ihre Eier legt. Er zerstört die Knospe und bringt sie zum Absterben.

Es ist ganz richtig, das Sie die Knospen entfernen, doch wäre es noch hilfreicher, nicht nur die Knospen herauszubrechen, sondern den ganzen alten Trieb bis in das gesunde Holz zurückzuschneiden, denn der Pilz dringt auch ein wenig in den Trieb ein. Bitte die abgeschnittenen Triebe und Knospen in den Mülleimer und nicht auf den Kompost geben.

Die Larven der Zikade schlüpfen im April und beginnen ihre Saugaktionen, die aber dem Rhododendron nur wenig schaden. Am wichtigsten ist es, im Herbst bereit für die fliegenden Weibchen zu sein, die dann unterwegs sind, um ihre Eier in die Knospe zu legen.

Dies ist der Moment, in dem man die Insekten mit beleimten Gelbtafeln fängt. Im Internet gibt es Anbieter von Nützlingen, oder gehen Sie in den Gartenfachhandel. Von diesen Tafeln hängen Sie einige an den Pflanzen zwischen Juli und September auf, ruhig mitten im Geäst, wo wir sie nicht so sehen, sie sind nicht besonders attraktiv. Die Zikadendamen zieht die knallgelbe Farbe an und dann bleiben sie dort kleben und kommen nicht mehr zur Eiablage, gemein oder? Aber wer seinen Garten liebt, wird nie ein Buddhist sein können.

Vom Kampf mit der Zucchihi

▶·············· WER SEINEN KINDERN ODER ENKELN EIN KLEI-
NES ECKCHEN IM GARTEN ZUM PROBEN DES GRÜNEN DAUMENS
GEBEN MÖCHTE, der sollte darauf achten, dass das Fleckchen in der
Sonne liegt, unkrautfrei und möglichst auch in seiner Größe be-
grenzt ist; vor allem aber gilt zu bedenken, dass es Pflanzen gibt, die
Spaß machen, und solche, die einem jegliche Freude am Gärtnern
vergraulen. Zu Anfang eines Gärtnerlebens bedarf es also Pflanzen
und vor allem Saat, die möglichst schnell aufläuft, so nennt man das
Keimen der Saat. Das Gleiche gilt für Kräuter, denn Schnittlauch oder
Petersilie zum Beispiel brauchen ca. zwei bis drei Monate, bis man
die ersten Halme und Blätter ernten kann – für Kinder eine kleine
Ewigkeit. Nach spätestens einem Monat ohne konkrete Erfolge, d. h.
deutlich zu erkennende keimende Saat, ist das Interesse am eigenen
Anbau bei Kindern erschöpft und Frust gewichen. Es gibt aus meiner
Sicht Kräuter und Gemüse, die man entweder als Pflanze kauft oder
ganz darauf verzichtet.

·············*Kindern gefallen Pflanzen, die schnell auflaufen und dann
möglichst schnell zu ernten sind. Dazu gehören das Radieschen, der Rucola
oder die Brunnenkresse.* ···············

Alle diese Pflanzen gibt es in vielen unterschiedlichen Sorten, und
sie brauchen lediglich drei bis fünf Wochen von der Aussaat bis zur
Ernte. Diese Gemüse können auch jetzt schon in den Boden gebracht
werden, wobei andere „Good value"-Gemüse für Kinder, wie Zucchini, Stangenbohnen, Tomaten, Gurken oder Kürbis, unbedingt noch
in Töpfen auf der Fensterbank gehalten werden und nicht vor Mai
– oder genauer erst nach den Eisheiligen (12. bis 15. Mai) – in den
Gartenboden gesetzt werden sollten. Zucchini und Kürbissaat brauchen etwa 20 Grad, um zu keimen (aufzulaufen). Das Schöne an den

genannten Pflanzen ist, dass sie nicht nur schnell keimen, sondern sehr schnell, wie zum Beispiel die Zucchini – manchmal zu schnell – Früchte tragen, die sich hin und wieder zu Mammut-Früchten entwickeln. Ich hatte in meinem eigenen Garten in England regelrechte Furcht vor der Rückkehr aus dem Urlaub, dann hatten sich nämlich meist die zarten, kleinen, köstlichen Starkoch-Zucchini in monstergroße Riesengurken verwandelt, die keiner auch nur geschenkt haben wollte; man hatte aber auch nicht den Mut, sie einfach zu entsorgen. Ganz besonders viel Freude und auch ein echter Hingucker sind die kletternden Stangenbohnen. Sie können nicht nur im normalen Staudenbeet an ein Bambus-Wigwam gepflanzt werden, sobald die Kalte Sophie (15. Mai) vorbei ist, sondern sie sind auch ideale Kletterer an Rankgerüsten, zum Beispiel als Abgrenzung zum Nachbargrundstück. Sie wachsen ausgesprochen üppig, drei bis vier Bohnen pro Topf, und zwei bis drei Töpfe genügen, um einen dichten und sehr günstigen Sichtschutz zum Nachbarn zu schaffen. Und so lange Sie die kleinen, noch nicht ausgewachsenen Bohnen, die ab Juni/Juli erscheinen, regelmäßig abernten, werden die Bohnen weiterranken und unermüdlich blühen, bis Sie zu ernten aufhören, weil Sie keine Bohnen mehr sehen können. Wir hatten vor zwei Jahren Kletterbohnen in unserem Staudenbeet und fast jeder Kunde fragte, welch ungewöhnlich schöne im bunten Beet blühende Rankpflanze dies denn sei. Dass es sich um eine gewöhnliche Kletterbohne handelte, wurde von vielen mit einem argwöhnischen Lächeln quittiert. Jetzt haben wir immer auch Kletterbohnen im Topf für unsere Kunden vorrätig. Bei anderen schnellwachsenden Gemüsesorten sollte man natürlich auch ein wenig auf den Geschmack achten, denn wenn man sich schon die Mühe macht, eine Kartoffel oder eine Tomate zu ziehen, dann sollte es nicht gerade die gewöhnliche aus dem Supermarkt sein.

Vernaschbare Gartenfreuden
und blühende Knollen

▶············· BEI DEN TOMATEN GIBT ES EINIGE NEUE UND
AUCH ALTE SORTEN, die ich Ihnen dringend wegen des ausgesprochen guten Geschmacks ans Herz legen möchte. Dazu gehört die
Sorte 'Reinhards Goldkirsche', eine goldgelbe, süßaromatisch, runde
und sehr ertragreiche Cocktailtomate, die sich auch wunderbar als
Ampeltomate, also für den Balkonkasten eignet. Sie entwickelt sich
zu einem üppigen, hängenden, mehrtriebigen Busch, bei dem Sie
dann nur Acht geben müssen, dass der Mieter unter Ihnen nicht
Ihre Tomaten erntet. Wer lieber eine große, kräftige Fleischtomate
möchte, die er dann in Scheiben geschnitten mit Basilikum und
gutem Olivenöl überhäufen kann, der sollte nach der 'Schlesischen
Himbeere' Ausschau halten. Weit größer als eine Himbeere, ist diese
scharlachrote Tomate eine echte Geschmackskrönung unter den
großen Tomaten. Wichtig nur, in der Fruchtphase bitte die Tomate
nie austrocknen lassen, denn sonst gibt es vor allem bei großen
Früchten schnell unansehnliche Risse und geplatzte Stellen, die dann
auch die Qualität der Frucht beeinträchtigen. Eine Sorte, die besser
für Wochenendgärtner geeignet ist, die unter der Woche nicht gießen
können, wäre vielleicht die alte Sorte 'Peron' aus Peru, da sie eine fast
platzfeste und äußerst robuste und trotzdem sehr aromatische Tomate ist. Schön und unbedingt auszuprobieren sind noch die Cocktailtomate 'Arcadia', die bis zu 20 Früchte an jeder Rispe tragen kann,
die sehr würzige und überaus reich tragende Sorte 'Brown Cherry'
und natürlich die mittlerweile sehr beliebt gewordene 'Schwarze
Krim'. Bitte lassen Sie sich, was Tomaten angeht, inspirieren, denn die
geschmacklosen, weitgereisten Tomaten aus dem Supermarkt sollten
zumindest im Sommer nicht ins Haus getragen werden.

..............................Es ist keine gute Idee, Tomaten im Kühlschrank zu lagern, da sie dort einen Großteil ihrer Säure und damit auch den Geschmack verlieren; sie bevorzugen eine Lagerung in Raumtemperatur, an einem hellen Standort, aber nicht der direkten Sonne ausgesetzt, also nicht auf der Fensterbank. ....

Eine weitere Pflanze, die sehr an Popularität gewinnt und bei der auch wieder ganz alte Sorten in den Vordergrund treten, sind Dahlien. Ihre steigende Popularität hat natürlich auch mit dem Aufschwung zu tun, denn wer kauft schon gern poppig bunte Blumen mit ausgesprochen kitschigen Blütenformen, wenn um einen herum alles einzustürzen droht, außer mir vielleicht. Jedenfalls tragen sie mit ihren sehr originellen Farben sehr zur Zuversicht bei, und bis auf Blau habe ich eigentlich noch keine Farbe im Farbspektrum der Dahlien vermisst. Vermisst ist vielleicht ein wenig übertrieben, denn ich denke nicht, dass eine blaue Dahlie notwendig ist, so wie ich auch keinen Wert auf einen roten Rittersporn lege, den viele Züchter seit Jahren anstreben.

Die Dahlienknolle kann ab Anfang/Mitte Mai mit gutem Gewissen in den Boden, denn vor der Kalten Sophie und den Eisheiligen sind die Blätter dann noch nicht sichtbar und die Knolle liegt gut geschützt im Erdreich, wo eventuelle Spätfröste nicht hinkommen. Wer dennoch lieber bis zum 15. Mai wartet, den kann ich natürlich nicht abhalten, doch verliert er wichtige zwei Wochen, in denen die Knolle sich mit dem Erdreich anfreundet. Da ich kein so großer Freund der großköpfigen Kaktusdahlien bin, obwohl diese schon ganz besondere Urviecher sind, bevorzuge ich vor allem die neuen englischen Sorten wie 'Bishop of Landaff', die dunkelrote, einfache Blüten trägt und der Naturform der ursprünglichen Dahlien am nächsten kommen.

Bitte nicht so knallig, Herr Nachbar

▸.............................. NOCH SIND SIE NICHT VORBEI, DIE EISIGEN HEI-
LIGEN HERREN Pankratius (12. Mai), Servatius (13. Mai) und Bonifa-
tius (14. Mai), und auch die Kalte Sophie (15. Mai) sollte noch abge-
wartet werden, bevor die Pelargonien auf den Balkon geholt werden.
Nach dem Motto: Was der Vorsichtige weiß und den Leichtsinnigen
(nachher) ärgert, beginne ich spätestens Ende Mai, mir die empfindlichen Pflanzen auf den Balkon zu holen. Dazu gehören besonders
die Pelargonien, die wir gern und immer wieder zur Verwirrung der
Gärtner Geranien nennen. Das *Geranium*, oder auch der Storchen-
schnabel hat, im Gegensatz zur Balkonpelargonie, deren Blüten
nur eine Symmetrieachse haben, radial-symmetrische Blüten. Die
Pflanzen, die wir uns in allen möglichen Farben und Formen auf den
Balkon holen, werden in drei Gruppen aufgeteilt. Die Hängepelargo-
nien, abstammend von *Pelargonium peltatum*, sind jene Pelargonien,
die sich weit aus den Balkonkästen herauslehnen und bei guter Pflege
auch gern mal den Untermieter erfreuen können. Beim Kauf dieser
Sorten sollte man ein wenig darauf achten, dass sie einen feingliedri-
gen Wuchs haben. Was ich meine, lässt sich schwer beschreiben, aber
versuchen Sie doch einfach selbst einmal im Gartenmarkt zu sehen,
ob Sie den Unterschied entdecken. Die zweite Art in der Gruppe der
von uns gern Geranien genannten Pflanzen sind die stehenden Pelargonien, abstammend von *Pelargonium zonale*. Hier handelt es sich
um die so beliebten, aufrechten, knallfarbigen Geranien mit dem fast
runden Blatt. Auf dem sphärischen Blatt erkennt man bei fast allen
Sorten einen blattrandbegleitenden dunklen oder hellen Ring, daher
„zonal" – eine Zone bildend. Diese Pelargonien haben über die letzten 50 Jahre den Markt dominiert und zählen mittlerweile Hunderte
Sorten, deren Farbspektrum von Knallrot und Knalllachs nun auch
über Lila, Rosa und Pink bis hin zum feinen Schneeweiß reicht. Da
ich mich auch ganzjährig farbig kleide, empfinde ich den unglaub-

lichen Farbausbruch, der plötzlich auf unseren Balkonen einkehrt, als ein wenig zu aggressiv. Ich empfinde einige *Pelargonium*-Displays regelrecht als einen Affront für meine Augen, das ist für mich fast schlimmer als Lärmbelästigung. Nun wird mir der alteingesessene Berliner sagen: „Denn gucken Sie doch wech", und Recht hat er. Mein Herz schlägt für die Pelargonien der dritten und letzten Gruppe, der englischen Edelpelargonien (*Pelargonium × domesticum*). Es kann natürlich gut sein, dass ich eine vorbelastete Einstellung aus England mitgebracht habe, wo diese Gruppe bereits seit vielen Jahren im Mittelpunkt der Pelargonienzeit steht.

.... *Edelpelargonien haben aus meiner Sicht ein wesentlich eleganteres Blattwerk und meist sehr edle, feine Blütenfarben, die sich hauptsächlich im dunkelroten-, bordeaux- und burgunderfarbenen Bereich oder klarem Weiß aufhalten.* ....

Wenn sie einmal mehrfarbige Blüten aufweisen, dann mischen sich oft sehr feine Farbnuancen, wie Burgunder und Rosa oder Bordeaux mit Weiß, jede Blüte eine bezaubernde Freude. Sie sind durchaus nicht auffallend, wie die stehenden Pelargonien, sondern eher zurückhaltend, das Wort *understatement* beschreibt es wohl gut. Eine der schönsten Sorten dieser Gruppe ist 'Lord Bute', die aber als reine Form nur noch sehr selten zu bekommen ist. Sollten Sie also irgendwo eine ergattern, schätzen Sie sich glücklich.
Nun nehmen wir den Kampf um die Geranien allerdings auch nicht so wichtig, dass wir uns darüber streiten wollen würden, denn ich sage ja gerne: „Im Garten und auf dem Balkon ist erlaubt, was gefällt." Also kümmern Sie sich nicht um die Meinung anderer und bleiben, wenn es denn sein muss, bei dem Altbewährten, denn auch die Zukunft war früher besser.

Von Dünger, Dahlien und Lupinen

▸............................ IM JUNI GEHT DAS BLUMENSPEK-
TAKEL RICHTIG LOS, selbst die Stauden, die sich in
den letzten Wochen schwer getan haben, kommen,
wachsen und erfreuen sich des Lebens; jedenfalls
jene, die den langen Winter überstanden haben.
Wichtig trotz steigender Temperaturen ist, nicht
zu früh mit der Gartenbewässerung zu beginnen,
da der Boden - es sei denn, es herrschte ein trockenes Frühjahr - immer noch recht feucht ist und
man bei Kälte die Pflanzen leicht ertränkt. Düngen
sollte nun die erste Priorität sein und hier tendiere ich zu
einer Kombination aus Kurzzeit- und Langzeitdünger. Das bedeutet,
ich führe den Pflanzen jetzt schnell zugänglichen Stickstoff zu, sorge
aber auch dafür, dass für später noch sanftere Dosen Stickstoff im
Boden sind, wie zum Beispiel durch Düngen mit Hornspänen. Was
ganz besonders wichtig ist: Düngen Sie die Zwiebeln, also Tulpen,
Narzissen u.a. erst nach der Blüte. Für die Blüte haben diese kleinen
zauberhaften Blumen alles in ihrer Zwiebel oder Knolle gespei-
chert, aber um für das nächste Jahr wieder Energie in die Zwiebel
zu bekommen, sollte man nach der Blüte düngen, dann ziehen sie
diese Kraft in sich hinein und danken es Ihnen im nächsten Jahr mit
wiederholter Blüte.
Da jetzt keine schlimmen Boden- und Nachtfröste mehr zu befürchten sind, ist es höchste Zeit, die Dahlien in die Erde zu bringen.

............................Wer Angst vor den kalten Nächten hat, kann den jungen
Austrieb der Dahlien einfach leicht mit Mulch anhäufeln, wie man es bei
Kartoffeln macht, das schützt die Dahlie und macht sie sehr wüchsig. ....

Die Dahlie erfreut sich übrigens eines echten Comebacks in den Gärten, wobei mir nicht unbedingt die großen knalligen Kakteendahlien liegen, sondern ich dachte vor allem an all die tollen neuen, aber den alten Sorten nachempfundenen 'Bischöfen', die erst seit wenigen Jahren auf dem Markt sind, nur die schon erwähnte Sorte 'Bishop of Landaff' ist eine der ältesten aus dieser bezaubernden Serie. Die Bischöfe, wie ich sie nenne, zeichnen sich durch ihre einfache klare Blüte, aber vor allem durch ihr sehr attraktives dunkles Laub und dunkle Stängel aus. Gegen diesen fast schwarz wirkenden Hintergrund stellen sich besonders die hellen Blüten der Sorten 'Bishop of Dover' (weiß mit lila Rand), 'Bishop of Oxford' (orange), 'Bishop of Leicester' (weiß mit gelber Mitte) und, ganz besonders schön, die Sorte 'Bishop of York'. Sie sehen, auch in der Pflanzenwelt hat man sich auf die politische Situation eingerichtet und die Kirchenoberhäupter durch farbenfrohe Blumen dargestellt. Noch zwei weitere sollten unbedingt genannt werden: der 'Bishop of Canterbury' (lila) und der 'Bishop of Lancaster' (mattes Rot). Noch ein Hinweis: Die Bischöfe können zwischen Stauden bis zu 1 m hoch wachsen.

Bevor ich mich völlig in den Dahlien verliere, wechsle ich zu dem angekündigten Thema Lupinen. Besonders empfehle ich die Westmoreland-Lupinen aus England, die wir nun zwei Jahre in unseren Beeten auf Winterhärte und Gesundheit getestet haben … und sie wachsen und gedeihen. Diese Neuzüchtungen sind nicht nur winterhart, sie haben auch den Vorteil, dass sie sich nicht, wie fast alle anderen Lupinen, aussäen und das Beet überbevölkern. Obwohl man sich bei den Farben so manches Mal eine Aussaat wünschte. Einige der schönsten Sorten sind zum Beispiel 'Masterpiece' (violett), 'Blossom' (zart rosa) oder 'Chameleon' (gelbe Knospe, beim Aufblühen ins Orangefarbene changierend).

. . . .

Leider ist der Sommer nicht immer

die Zeit, um nur im Garten zu sitzen

und zu genießen, sondern es muss

sich schon auch gekümmert werden.

. . . .

Von ungebetenen Gästen im Garten

▸.......................... KAUM IST DIE ERSTE BLÜTE VORBEI UND DIE
GROSSE FREUDE AM FRISCHEN GRÜN VERKLUNGEN, sind sie auch
schon übersät, unsere geliebten Pflanzen, von Kribblern, Krabblern,
Beißern und unansehnlichen Flecken, und das nicht nur auf dem
Balkon. Selbst ich wurde erst kürzlich von einer Kundin darauf auf-
merksam gemacht, dass auch bei uns nicht das makellose Paradies
herrscht und auch meine Pflanzen nicht gegen Schädlingsbefall ge-
feit sind. Die Dame sagte, sie habe so weiße flauschige Läuse (Wollläuse) an ihrem Buchs und der Befall sähe genau aus wie der an meinem.
Das war mir bis dahin zwar gar nicht aufgefallen, aber sie hatte Recht.
Besonders, wenn zeitig im Jahr schon zu hohe Temperaturen und vor
allem Trockenheit herrschen, sind all diese Viecher besonders früh
dran, sodass es sich empfiehlt, ganz schnell vorzubeugen. Spritzen
kann oft gar nichts mehr retten und glücklicherweise gibt es kaum
noch so gefährlich vernichtende Spritzmittel wie zum Beispiel DDT.
Übrigens möchte ich hier kurz anmerken, dass ich keine Tipps über
illegale Verwendung von Pflanzenschutzmitteln brauche und bitte
auch keine weiteren Zuschriften mit Hinweisen, wo und in welchen
Ländern man noch an diese hochgiftigen Substanzen kommt. Denn
einerseits werde ich ständig gefragt, welche Gartenpflanzen für Klein-
kinder giftig sein könnten, und stelle dann fest, dass die gleichen Per-
sonen ihre Tomaten regelmäßig mit höchst dubiosen Mitteln spritzen, die ihnen die Haushilfe aus fernen Ländern mitgebracht hat.
Sorry, aber das geht wirklich nicht, zumal wir den Fehler zunächst
bei uns suchen sollten, denn Schädlinge und Insekten befallen zuerst
schwache, vernachlässigte Pflanzen.

.............................*Im Sommer sind die wichtigsten Aufgaben Wässern und
Düngen, denn wer glaubt, dass sich eine Pflanze ohne Wasser wohlfühlt und
vielleicht auch noch Blüten produziert, der irrt.*...

Ich kann nur immer wieder sagen, dass vor allem jetzt die Rosen Wasser brauchen, da sie Knospen und Blüten entwickeln. Wenn die Pflanzen – und dazu gehören übrigens auch Hecken – jetzt nicht regelmäßig kräftig gegossen werden, beginnen sie in Kürze braun zu werden. Vorher aber werden sich noch Schädlinge wie Schildläuse über Eibenhecken hermachen, Wollläuse hingegen bevorzugen Buchs und schwarze und grüne Blattläuse lieben die Rosen. Wie bei den Menschen auch, sucht sich der Schädling oder der Pilz das Objekt mit dem schwächsten Immunsystem aus und beginnt dort sein Wirken. Deshalb ist es ausgesprochen wichtig, dass Rosen in trockenen Lagen, wie zum Beispiel unter einem Dachüberstand oder in sehr trockenem Boden, pro Pflanze alle zwei bis drei Tage 5–7 Liter Wasser bekommen. Neupflanzungen sollten täglich gewässert werden. Daher appelliere ich auch an die Ladenbesitzer, dass sie doch bitte ein paar Gießkannen Wasser an die Jungbäume an den Straßen gießen. Große Straßenbäume halten auch ein paar Wochen ohne Regen aus, aber die eher kleineren und Neupflanzungen an den Seitenstraßen sind für eine Wassergabe dankbar. Aber zurück in den Garten: Hier lohnt es sich jetzt, ganz intensiv Nützlinge einzubringen, die vor allem den Blattläusen den Garaus machen. Das Internet offenbart eine große Anzahl an Firmen und Anbietern, die in ihren Katalogen allerlei nützliches Getier wie Marienkäferlarven und Schwebefliegen gegen Blattläuse oder Raubmilben gegen Spinnenmilben zum Kauf anbieten. Wenn Sie dort heute anrufen, bekommen Sie bereits zwei Tage später Ihre Raubtierkiste zugeschickt. Übrigens ist jetzt auch der richtige Moment, gegen den Dickmaulrüssler an Rhododendren mit Nematoden vorzubeugen. Leider ist der Sommer nicht immer die Zeit, um nur im Garten zu sitzen und zu genießen, sondern es muss sich schon auch gekümmert werden, wenn die kleinen grünen Freunde rufen – die Kunst besteht darin, dies trotzdem zu genießen.

Zeit für den Dickmaulrüssler

▶............................. BITTE NICHT DIE GEDULD VERLIEREN, in wenigen Tagen wird es warm und dann bleibt es auch so, das jedenfalls verspricht mir mein Gefühl. Dadurch, dass wir an der Gartenakademie ein Fototagebuch der Beete führen, kann man genau sehen, wie viel Zeit uns das späte Frühjahr genommen hat. Am 24. April 2009 blühten schon die Katzenminze mit den bunten Tulpen, auch die Aubretien und das Lungenkraut waren bereits in voller Blüte, im nächsten Jahr saßen sie alle da und warteten auf die Wärme. Sie wuchsen, aber sie blühten noch nicht. Also keine Sorge, es kommt und es wächst, denn die Natur lässt sich nicht beirren. Es ist doch zumindest schön, dass Vulkanaschewolken keinen Einfluss auf den Garten haben. Sobald sich der Boden jetzt erwärmt, also sobald er um die 9-12 Grad warm wird, ist es an der Zeit, etwas gegen den Dickmaulrüssler zu tun. Wer keine Rhododendren hat, dem sagt das vielleicht nichts, aber der Dickmaulrüssler, ein kleiner länglicher, gepanzerter, schwarz-grauer Käfer von 10 bis 12 mm Länge, ist schon lange nicht mehr ausschließlicher Feind von immergrünen Moorbeetpflanzen. In Gegenden, wo er keine dicken Rhododendrenblätter findet, macht er sich auch über die Blätter des Kirschlorbeers, des Buchsbaums und der Rosen her. Sogar Stauden mit saftigem Wurzelwerk, wie *Tiarella* (Bischofskappe) und *Cyclamen* (Alpenveilchen) werden von den Larven befallen und auf dem Balkon überwintert er fröhlich in den Kübeln. Erkennen kann man das Schadbild der Käfer an den U-förmig ausgefressenen Buchten an den Blatträndern.

................*Gegen den Käfer selbst kann man nur wenig machen, außer, ihn liebevoll zwischen den Fingern zu zerdrücken. Für den eigentlichen Schaden sind aber nicht die Käfer, sondern die jungen Larven, die im Boden leben, verantwortlich.* ...

Sie sind 8-10 mm lang, elfenbeinfarben und fressen ab Mai an den Wurzeln und Knollen der Pflanzen.

Daher ist Ende Mai/Anfang Juni die richtige Zeit, Nützlinge zu bestellen, die dann in ein bis zwei Wochen die Larven bekämpfen. Hierbei handelt es sich um *Heterorhabditis*-Nematoden, mikroskopisch kleine Würmer, die auf recht fiese Weise, aber ohne Geschrei, in den Larvenkörper eindringen und dort Bakterien ablegen, die dann in wenigen Tagen die Dickmaulrüsslerlarve verenden lassen. Die Larve dient gleichzeitig als Brutstätte für neue Nematoden, sodass die Behandlung recht nachhaltig wirkt. Die Larven des Dickmaulrüsslers sind zwar schon früher im Jahr im Boden vorhanden, doch brauchen die Nematoden mit mindestens 12 Grad einen wärmeren Gartenboden, um zu überleben. Deshalb ist mit dem Aussetzen der Nematoden Vorsicht geboten. Aussetzen hört sich vielleicht ein wenig zu aktiv an. Sie bekommen eine kleine Flasche, die aussieht wie ein Salzfass, oder eine Tüte, in der sich eine Substanz befindet. Dieses Pulver beinhaltet bis zu 10 Millionen Fadenwürmer und wird dann in eine Gießkanne voller Wasser geschüttet, umgerührt und auf den Boden gegossen. Diese Menge reicht für etwa 20 m². Keine Sorge, es handelt sich nicht um eine wildgewordene Herde ausgesetzter Kamikazen, sondern um einen Nützling, der stirbt, wenn er keinen Wirt mehr hat, von dem er lebt. Für die Lebewesenschützer ein vielleicht schwieriger Entschluss, aber für die Natur und vor allem die befallenen Pflanzen eine Wohltat.

Sehr verehrte Frau Pape,
mit Gelbtafeln stoßen wir auf ein Problem. Unser seit vielen Jahren
zuverlässiger Gartenberater für die Schädlingsbekämpfung im örtli-
chen Raiffeisenmarkt behauptet, dass die Gelbtafeln nicht wirklich
helfen. Einige „Zikadendamen" würden zwar gefangen. Das zeige aber
nur an, dass die Zeit für die Eiablage gekommen ist, was man aber
sowieso feststellt. Die meisten fliegenden Weibchen fange man auf
diese Weise nicht. Um das Spritzen käme man keinesfalls herum. Was
ist richtig? Wir glauben nicht, dass man uns nur Geld abnehmen will.
Wir kennen die Leute seit vielen Jahren.
Mit freundlichen Grüßen, H.-P. P.

Sehr geehrter Herr P.,
es ist wie bei allen Dingen eine Frage des Maßes. Wie viele Zikaden
haben Sie denn und wie sehen die Rhododendren denn aus, sind
sie völlig befallen oder haben sie nur hier und da ein aufgerolltes,
zerknautschtes Blatt? Spritzen hilft nur, wenn alle Nachbarn auch
spritzen, ansonsten kämpfen Sie nämlich allein gegen alle. Unsere
Fachfrau für Gehölze empfiehlt eine kräftige, harte Kaltwasserdu-
sche, das mögen die Zikaden (ob Männchen oder Weibchen) nämlich
gar nicht. Und mit kräftiger Dusche meine ich nicht, den Regner
aufstellen, sondern einen richtig scharfen Strahl: Daumen auf die
Tülle, Sie wissen schon, und los geht's! Wenn Sie das mehrmals pro
Woche machen, soll es Wunder wirken und die Zikaden wandern aus.
Wahrscheinlich zum Nachbarn, der sie dann im wahrsten Sinne des
Wortes zurückduscht. Gewinner bleibt - wie immer -, wer am Ball
bleibt. Ansonsten habe ich mir wahrscheinlich gerade den Fluch aller
Raiffeisenmärkte dieses Landes eingefangen. Richtig oder falsch ist
vielleicht nicht die Frage, wichtig ist, dass man bei all diesen Garten-
problemen die Relation zum Problem nicht verliert und der Feind, in
diesem Fall die Zikade, nicht aus allen Proportionen fällt.

Sehr geehrte Frau Pape,
in unserem Garten stehen zwei etwa 40 Jahre alte Süßkirschenbäu-
me. Seit einigen Jahren haben die Kirschen kleine weiße Würmer.
Die Kirschen verfaulen am Baum und fallen dann herunter. Diese
Kirschen sammeln wir jeden Morgen akribisch auf. Vor zwei Jahren
hatten wir Kirschfruchtfliegenfallen aufgehängt. Es sah dann aus wie
ein japanisches Lampionfest, gebracht hat es aber kaum etwas. Im
Gartencenter sagte man uns, dass es nördlich der Elbe diesen Befall
nicht gibt. Was macht man denn südlich der Elbe dagegen, denn
sonst könnte man die Kirschen ja kaum verkaufen.
Für Ihre Hilfe sind wir sehr dankbar!

Sehr geehrte Dame!
da sind Sie doch schon völlig auf dem richtigen Weg und vielleicht
liegt es nur am Timing der Kirschfruchtfliegen-Fallen. Eigentlich machen Sie alles richtig, und ob Sie auf der falschen Elbseite residieren
oder nicht, kann ich nur schwerlich nachvollziehen. Es handelt sich
tatsächlich wohl um Kirschfruchtfliegen, und bei solchen Schädlingen ist es wichtig, den Lebenszyklus zu kennen und zu verstehen.
Wenn die Kirschen vom Baum fallen, mit den kleinen Maden drin,
und diese nicht abgesammelt werden, dann wandern die Larven in
den Boden, wo sie überwintern, um im nächsten Jahr im April/Mai,
je nach Winterverlauf möglicherweise auch früher, zu schlüpfen und
als kleines geflügeltes Insekt auf den Kirschbaum zu fliegen, um dort
seine Eier an die Blüten zu legen. Wenn sich dann nach der Blüte
die Früchte bilden, schlüpfen die Maden und bohren sich in die
Kirschen. Also ist es wichtig, Ihr „japanisches Lampionfest" so früh
wie möglich zu beginnen, um so viele Fruchtfliegen wie möglich zu
fangen, am besten schon in der Paarungszeit, also Wochen vor der
Kirschblüte. Außerdem empfehle ich, zur Kirschenzeit Folien oder
Tücher unter die Bäume zu legen, das erleichtert nicht nur das Absammeln der schlechten Früchte, sondern verhindert vor allem das
Eindringen der Larven in den Boden.

Liebe Frau Pape,
seit ungefähr fünf Jahren habe ich in meinem Garten massive Probleme mit Engerlingen. Zu Beginn befielen sie „nur" die Wurzeln der Erdbeerpflanzen. In den letzten Jahren leiden aber auch die jungen Hainbuchenpflanzen, wo ich auf 3 m Hecke einmal 50 Engerlinge ausgrub. Gift möchte ich nicht ausbringen. Nematoden versprechen mir keine große Wirkung. Was kann ich noch tun? Und hat es eventuell etwas mit der Gartenstruktur zu tun, dass der Befall auf einmal so massiv einsetzt?
Vielen Dank, M. S.

Sehr geehrte Frau S.,
mit Ihrer Gartenstruktur hat es nicht wirklich zu tun, allerdings stimmt es, dass Maikäfer ihre Eier nicht an Orte legen, an denen nichts wächst, ob sie aber deshalb Ihren Garten räumen wollen, wage ich zu bezweifeln. Es wäre dennoch sehr empfehlenswert, herauszubekommen, um welche Gattung von Engerlingen es sich handelt, denn nicht alle Engerlinge sind vom Maikäfer und die Engerlinge des Gartenlaubkäfers lassen sich durchaus von den Nematoden der Gattung *Heterorhabitis bacteriophora* bekämpfen. Die Pflanzenschutzberatung beim Pflanzenschutzamt hilft Ihnen gern bei der Bestimmung. Absammeln, sobald man Schäden entdeckt, ist zwar nicht die einfachste, aber bis jetzt die effektivste Methode. Wichtig wäre auch, die Käfer während ihres Flugs zur Eiablage einzufangen, bevor sie die Eier ablegen können, also im Mai und Juni. Die vielleicht gute Nachricht ist, dass die Engerlinge des Maikäfers zwei bis vier Jahre lang im Boden leben, es kann also sein, dass Sie in den letzten Jahren noch Opfer einer Maikäferplage der Jahre 2006 oder 2007 waren, und dass sich die Plage nun mindert.

Liebe Frau Pape,
wir haben in unserem Garten ein großes Problem mit Ameisen:
Im Rasen bilden sie viele kleine Ameisenhaufen. An unserem neu
gepflanzten Apfelbaum haben die Ameisen an den jungen Trieben
„Läuseplantagen eingerichtet", sodass sich die frischen Blätter nicht
richtig entwickeln, sondern verkümmern. Das Gleiche gilt für unseren Kirschbaum … und die Himbeeren … Haben Sie eine Idee, was
wir gegen die Ameisenplage unternehmen können? Gift wollen wir
nicht benutzen, da wir ein kleines Krabbelkind haben, das zurzeit viel
im Garten unterwegs ist.
Vielen Dank schon einmal für Ihre Hilfe!

Lieber Gartenfreund,
ja, das mit den Ameisen ist sehr lästig. Zuerst also zu den Ameisen
und dann zu Ihren Läusekolonien. Da ich denke, dass Sie kein Interesse daran haben, jeden Ameisenhaufen aus dem Rasen umzusiedeln
und an einen geeigneten Ort zu tragen, gibt es zum Vergraulen der
im Übrigen faszinierenden Tiere meines Wissens nach nur die folgenden, selbstverständlich umweltfreundlichen Mittel einzusetzen:
Zum Beispiel Wermutjauche (siehe unten stehendes Rezept), doch
auch Aufgüsse anderer Aromapflanzen wie etwa Majoran, Thymian
oder Lavendel, die man wie einen Tee bereitet, können die Völkchen
in die Flucht schlagen. In meinem Büro, das ja bekanntlich in einem
Gewächshaus situiert ist, habe ich die Ameisenstraßen, die dort auch
teilweise über meinen Schreibtisch führten, erfolgreich mit Backpulver vertrieben. Auf Ameisenstraßen oder den Nestbereich kann man
also auch Algenkalk, Backpulver oder alten Kaffeesatz streuen. Wermutjauche: 10 Liter Wasser auf 300 Gramm frisches oder 30 Gramm
getrocknetes Wermutkraut gießen und das Ganze rund zwei Wochen
vergären lassen. Danach gießt man es über den Ameisenbau. Wirkt
Wunder. Wenn es keine Ameisen mehr gibt, die die Läuseplantagen
pflegen, werden diese von den natürlichen Schädlingen langsam
vertilgt werden und verschwinden.

* * *

Früher war die Päonie eine

der beliebtesten Gartenblumen.

Sie galt auch als christliches

Symbol für Heilung,

Reichtum und Schönheit.

* * *

Kleine Bäume, die ganz groß rauskommen

▶............................ GANZ WICHTIG BEI DER AUSWAHL VON BÄUMEN
FÜR KLEINERE GÄRTEN IST, dass sie eine hohe Gartenwertigkeit
haben, das heißt, dass sie mindestens drei Kriterien erfüllen: sie
sollten blühen, im Sommer Früchte tragen und eine schöne Herbstfärbung bieten. Zusätzliche Qualitäten sind ein schöner Wuchs, wie
zum Beispiel bei der Felsenbirne *(Amelanchier lamarckii)*, ein Duft wie
bei vielen Zieräpfeln, oder eine schöne Rinde, wie zum Beispiel beim
Zimtahorn *(Acer griseum)*.
Sobald Sie sich diese Kriterien zu Herzen nehmen, fallen automa-
tisch schon sehr viele der Bäume weg, die einem oft vorschwebten.
Die Magnolien fallen hierbei ein bisschen zwischen alle Stühle,
denn einerseits sind sie unvergleichlich schön, wenn sie – wie in
diesen Wochen – mit ihrer Pracht die Städte verzaubern, andererseits
erfüllen sie aber nur eine, maximal zwei der genannten Kriterien: sie
blühen schön und haben auch meist einen schönen Wuchs. Sie haben
aber keine auffällig schöne Frucht, die irgendeinem einheimischen
Vogel oder Tier als Nahrung dient, und auch keine bemerkenswerte
Herbstfärbung. Mit dem Magnolienbeispiel möchte ich die Kriterien
für geeignete Bäume verdeutlichen. Es ist nämlich wichtig, dass man
sich beim Kauf nicht nur von der Blüte oder der Herbstfärbung verführen lässt, sondern nachfragt, was der Baum noch alles kann.
Viele meiner Favoriten kommen aus der Familie der *Rosaceae*, diese
umfasst alle Zieräpfel *(Malus)*, Weiß- und Rotdorn *(Crataegus)* sowie
Birnen *(Pyrus)* – hier ist zum Beispiel die weidenblättrige Birne *(Pyrus
salicifolius)* mit ihrem silbergrauen feinen Laub ein echter Hingucker –, Kirschen und Pflaumen *(Prunus)*, Mandelbäume *(Prunus dulcis)*
und so weiter. Mit anderen Worten handelt es sich hier um eine sehr
große Familie, aus der es die schönsten und wertvollsten Vertreter
für Garten und Natur herauszufinden gilt. Wer also kein Obst zum
Essen, Kochen oder Backen möchte, der ist mit einem Zierapfel sehr

gut beraten. Eine sehr schöne Sorte ist 'Evereste'. Er blüht Anfang Mai und produziert während des Sommers ein Meer von kleinen grünen Äpfeln, die sich im Herbst orange und dann gelb verfärben. Die Herbstfärbung ist zwar nicht allzu spektakulär, aber doch sehr schön, und die Früchte werden erst im frühen Frühjahr von den Vögeln gefressen, da sie vorher zu sauer sind. Weitere sehr empfehlenswerte Zierapfelsorten sind *Malus florentina*, der Weißdornblättrige Apfel. Er ist einer der wenigen, der auch eine schöne Herbstfärbung mit Bündeln bezaubernder kleiner, roter Äpfel aufweist; oder auch *Malus × purpurea* 'Lemoinei' mit traumhaften roten Blüten.

.... Auch Rot- und Weißdorn blühen sehr schön und haben einen guten Habitus, doch nicht alle haben eine schöne Herbstfärbung. Hier empfehle ich Crataegus laevigata 'Paul's Scarlet', mit einer sehr leichten Krone, die nicht höher als maximal 6–7 m wird. ....

All diese Bäume sind Pflanzen mit einem sehr hohen Nutzen für die Vogelwelt.
Echte Schaupflanzen sind auch die asiatischen Blütenhartriegel wie *Cornus kousa chinensis*, wobei die Sorten *C. kousa* 'Milky Way' mit crèmefarbenen Blüten eine sehr zuverlässige Sorte an einem geschützten Ort ist. Noch größere, schneeweiße Blüten hat die recht neue Sorte *Cornus* 'Venus', die auch gegen die oft auftretende Blattfleckenkrankheit resistent ist. Die meisten Hartriegel werden in unseren Breiten etwa 4–5 m hoch und bevorzugen einen eher sauren Boden. Wenn Ihr Garten auch etwas Besonderes, etwas Größeres vertragen kann, dann empfehle ich *Paulownia tomentosa*, den Blauglockenbaum, der eine unglaubliche Wuchsgeschwindigkeit hat und Mitte Mai mit einer überwältigenden lila Blütenpracht überzeugt.

Die Blume aus dem Paradies

▸.............................. KENNEN SIE DIESES BERÜHMTE, ALLERLIEBSTE
BILD *Meister des Frankfurter Paradiesgärtleins*, das im Frankfurter Mu-
seum Städel ausgestellt ist, auf dem unten mittig als Symbol der Heilung eine knallrote Päonie neben dem toten kleinen Drachen blüht,
der das Unheil symbolisiert? Dieses Bild stammt aus dem frühen
15. Jahrhundert. So lange sind die Päonien oder Pfingstrosen schon
als Blumen und Heilpflanzen in unseren Gärten zu finden. Nun
sollten wir uns allerdings daran gewöhnen, die Pfingstrose Päonie
zu nennen, denn wenn das mit dem Wetter so weiter geht, blüht zu
Pfingsten keine mehr von ihnen.
Früher war die Päonie eine der beliebtesten Gartenblumen, die unsere Großmütter weniger wegen ihrer Heilkraft als wegen der üppigen
Blüten pflanzten. Sie galten auch als christliches Symbol für Heilung,
Reichtum und Schönheit. Bei der Heilung wird hauptsächlich die
Heilung von Wahnsinn beschrieben. Für die Chinesen, die auch ihre
eigene Gruppe von Pfingstrosen haben, symbolisiert sie ein in Liebe
erfülltes Frauenleben und die Sanftmut Buddhas.
Zurück nach Europa. Dort wurden die aus dem Mittelmeerraum
stammenden Korallen-Pfingstrosen und die Echten Pfingstrosen
(Paeonia officinalis) bereits im Mittelalter von den Benediktinermön-
chen in den Klöstern als Heilpflanzen kultiviert und verwendet. Erst
von dort haben sie dann die Bauerngärten erreicht. Das hat sicher
nicht nur mit ihrer Blüte zu tun, sondern auch mit ihrer Anspruchs-
losigkeit. Sie merken schon, ich versuche Ihnen die Pfingstrose
wieder schmackhaft zu machen und das nicht nur als Schnittblume.
Doch geben Sie Acht, wohin Sie die grazilen und doch stämmigen
Damen pflanzen. Denn wenn sie einmal verblüht sind, nehmen sie
mächtig viel Platz ein und hinterlassen im Herbst ein recht großes,
unansehnliches Loch in der Rabatte. Von daher neige ich dazu, Päonien gern in den Mittelgrund eines Beets zu pflanzen, da sie dort

ihren Blütenzauber Ende Mai voll ausleben können. Dort werden sie im Sommer von höher thronenden Stauden überschattet. So ist es zum Beispiel gut, sie neben ein hochblühendes Gras wie *Molinia* 'Karl Foerster' oder 'Windspiel' und eine hohe Aster zu setzen, zum Beispiel *Aster laevis* 'Arcturus'. Dies ist eine wunderbare Kombination für die Beetmitte, ganz gleich für welche der Staudenpäonien Sie sich farblich entschlossen haben.

.... *Viele der heute im Handel erhältlichen Pfingstrosen sind gefüllte Züchtungen der chinesischen Pfingstrose (Paeonia lactiflora). Die ursprünglichen aus der nördlichen Hemisphäre stammenden Pfingstrosen blühen einfach bzw. ungefüllt.* ....

Die früheste und klarste, blutrote Blüte hat *Paeonia tenuifolia*, die heute nur noch in besonderen Fachgärtnereien zu haben ist. Sollten Sie es aber, wie fast alle anderen Anbeter der Pfingstrose, auf opulente, betörende Blüten abgesehen haben, dann empfehle ich Ihnen nach einer Dame namens 'Shirley Temple' Ausschau zu halten. Zu ihr passt das Wort Wahnsinn: sie ist reinweiß, duftend, 90 cm hoch und hat tatsächlich Blüten, die einen Durchmesser von bis zu 20 cm erreichen können. Diese Blüten, daran erinnere ich mich noch aus England, sind auch sehr wetterfest, d.h. sie verkleben durch Regen nicht und werden nicht braun. Ihr recht schön geformtes Laub überrascht sogar noch mit einer aparten Herbstfärbung. Versuchen Sie, wenn möglich, reine Sorten zu kaufen und nicht so viele „no names", denn die reinen Sorten tendieren dazu, schöner und vor allem zuverlässiger zu blühen. Eine gute üppig blühende pinke Sorte ist *P. lactiflora* 'Karl Rosenfield'. Ein weiterer reinweißer Klassiker ist 'Festiva Maxima', duftend und gut als Schnittblume für diejenigen, die sich zu schneiden trauen. Unübertroffen ist die elfenbeinfarbene, duftende Dame 'Duchesse De Nemours'.

Buchsbaumschnitt nur mit steriler Schere

▶················· MITTE/ENDE JUNI IST DER RICHTIGE MOMENT, DIE BUCHSHECKEN ZU SCHNEIDEN, und deshalb auch die richtige Woche, um die damit verbundenen Probleme zu beschreiben. Zuerst zum Schneiden: Natürlich ist es nicht falsch, wenn Sie bereits Mitte Mai Ihre Buchshecken, Kugeln und sonstigen Formen geschnitten haben, nur bedeutet dieser übertriebene Ordnungssinn, dass Sie den Buchs schon bald, also ungefähr Mitte Juli noch einmal schneiden müssen. Halten Sie einfach die Schere einmal fest und schneiden Sie nur im Juni, aber dann richtig. Und mit richtig meine ich, so stark, dass man glauben könnte, der Buchs erholt sich nimmermehr. Dann braucht die Hecke zwar ein paar Wochen zur Erholung, aber Sie werden staunen, sie dankt es Ihnen mit dichter Verzweigung und sehr stabilem Wuchs, was bei den Schneelasten der letzten Jahre helfen würde. Was noch sehr interessant an nur einem Schnitt ist: Sie verringern damit die Gefahr der Erkrankung des Buchs. Es ist nämlich eine Tatsache, dass die zwei am meisten gefürchteten Buchsbaumtriebkrankheiten frisch geschnittene Pflanzen bevorzugen, was bedeutet, je öfter man die Pflanzen schneidet, umso größer die Wahrscheinlichkeit, dass sich die Pflanzen infizieren.

·············· *Der größte Feind der Buchsbäume ist die nicht sterilisierte Heckenschere, die eigene oder vor allem die eines beauftragten Gärtners.* ··············

Ich gehe einmal davon aus, Sie schneiden Ihre Hecke selbst. Sollten Sie aber einen Gärtner beauftragen, dann trauen Sie sich ruhig, ihn zu fragen, ob er seine Gerätschaft sterilisiert hat. Dies geht am einfachsten mit Spiritus. Buchs hat ab und an, vor allem kurz nach der Pflanzung, die eine oder andere Kinderkrankheit, wie Läuse oder gar

Weiße Fliege. Jegliche saugenden Insekten können durch ein gesundes Pflanzenwachstum verhindert oder geheilt werden. Fast wichtiger

als Düngen ist das Wässern in den ersten Jahren. Auch wenn der Buchsbaum ein Gehölz ist, das ausgesprochen heiße Temperaturen ohne viel Wasser ertragen kann - man denke nur an die riesigen Buchsparterres in den Gärten von Versailles -, mag er in den ersten Jahren nach der Pflanzung keine starke Trockenheit. Bis sich die Wurzeln gut entwickelt haben, dauert es zwei bis drei Jahre, und erst danach kann man sich mit dem Wässern zurückhalten.

.... *Buchs wird von einigen Krankheiten, über die es in den vergangenen Jahren viele Mythen und Gerüchte gab und die oft gemeinsam auftreten, befallen.* ....

Die zwei wichtigsten und am meisten Schaden anrichtenden sind *Cylindrocladium buxicola* und *Volutella buxi* (auch Buchskrebs genannt). Beides sind Pilzerkrankungen, deren Symptome recht ähnlich sind. Bei dem ersten Pilz entstehen auf den Blättern braune Flecken, die innerhalb von wenigen Tagen größer werden, gleichzeitig bilden sich auf den Blattunterseiten kleine weiße Sporenlager. Zusammen mit schwarzen Längsstreifen an den Trieben sind sie das sicherste Erkennungsmerkmal dieses Pilzes. Im Vergleich wird bei *Volutella buxi* die Unterseite der Blätter zuerst von großen rosa-orangen Sporenlagern befallen. Im Gegensatz zu *Cylindrocladium* befällt *V. buxi* geschwächte Pflanzen oder dringt über Schnittstellen ein. Beide Arten vermehren und überleben besonders gut in feuchtem Schnittgut. Also heißt die Devise: Geben Sie dem Pilz keinen Grund zur Ansiedlung. Schneiden Sie möglichst nur einmal im Jahr (die erste Wimbledonwoche ist das perfekte Datum) und entsorgen Sie dann vor allem das Schnittgut effektiv aus den Pflanzen: schütteln, aufsammeln, zusammenharken und vor allem: Nicht auf den Kompost, sondern in den Müll geben.

Rosenrausch

▶ .... DURCH FRÜHE UND ANHALTENDE HITZE BLÜ-
HEN IN MANCHEN JAHREN, wie viele andere Pflanzen, auch die
Rosen früher und schneller. Und wie immer kommen dann viele Gartenfreunde mit Fragen zu den Leiden ihrer Rosen zu uns. Sie haben
aufgerollte Blätter, starken Blattlausbefall oder Mehltau, und all das
fällt natürlich besonders jenen Rosenbesitzern auf, die sich schon das
ganze Frühjahr auf die Blüte dieser Pflanze gefreut hatten.

.... *Wer seine Rosen gut in dicht blühenden Staudenbeeten
verteilt, wird feststellen, dass Krankheiten dort zwischen all' der blühenden Pracht nicht nur weniger auffallen, sondern tatsächlich auch seltener
vorkommen.* ....

Die Wissenschaft hat bestätigt, dass Pflanzen untereinander kommu-
nizieren können - und vor allem können gesunde Pflanzen
auch „um Hilfe rufen". Dies soll jetzt aber kein Aufruf dazu
sein, sich, wie angeblich Prinz Charles, mit seinen Pflanzen zu unterhalten, denn diese Theorie wurde nach wie vor
nicht bestätigt.
Bei meiner Art Notruf der Pflanze geht es um Duft-
stoffe, die die Pflanze ausscheiden kann, wenn
sie verletzt wird und wodurch es ihr zu gelingen
scheint, die Feinde ihrer Feinde anzuziehen.
Damit diese Nützlinge des Gartens wie Schweb-
fliege, Marienkäfer, Marienkäferlarve und viele
andere Kleininsekten überhaupt die Rufe der
verletzten Pflanzen hören können, müssen sie
schon im eigenen Beet und nicht erst beim über-
nächsten, weit entfernten Nachbarn ansässig sein.
Deshalb ist es ganz besonders wichtig, dass es im Garten auch

noch andere Pflanzen gibt, die zu dieser Jahreszeit blühen, und dafür braucht der Garten Stauden. Manchmal fällt der Name Begleitstauden, also mehrjährige im Winter einziehende Pflanzen, die sich gegenseitig zum Leben ermutigen. In unserer großen Rabatte blühen seit April die Stauden und seit etwa drei Wochen summt und brummt es in dem etwa 180 m² großen Beet, als ob wir für die Produktion der gesamten Honigmenge für Berlin zuständig wären. Besonders die Katzenminze *Nepeta* 'Walkers Low' und die hohe *N. kubanica* ziehen zu dieser Jahreszeit Tausende von Insekten an, die dann natürlich auch unsere Rosen nicht verschmähen und dort genüsslich ein und aus fliegen. Und genau hier ist mir bei einem Rundgang aufgefallen, dass unsere noch nie gespritzten Rosen vor Blühkraft und Gesundheit strotzen und dass sie eigentlich auch noch nie so gut ausgesehen haben, wie in diesem Jahr.

Dies mag natürlich auch daran liegen, dass ihre Wurzeln nun etabliert und so tief gewachsen sind, dass sie nicht nur auf unsere Wassergaben angewiesen sind. Mit anderen Worten, achten Sie auch immer darauf, dass die Rosen genug Wasser haben, das ist jetzt in der Blüte noch wichtiger als Dünger. Wenn eine Rose, oder jegliche andere Pflanze, nicht genug Wasser hat, welken die Blätter und sind so für Schädlinge ein gefundenes Fressen. Es verhält sich eigentlich genau wie mit unserem menschlichen Immunsystem: Wenn wir schwach sind, sind wir empfänglicher für Krankheiten. Von daher ist das A und O für Rosen, sie gut zu wässern und genügend Begleitstauden in der Pflanzung zu haben, damit bis zum Herbst, wenn die remontierenden Rosen aufhören zu blühen, immer noch etwas anderes blüht. Übrigens ist im Juni ein guter Zeitpunkt, Rosen im Container zu kaufen, wenn Sie sichergehen wollen, dass sie auch so blüht und duftet, wie Sie sich das vorgestellt haben. Und lassen Sie sich nicht nur von der Schönheit und dem Duft der Rosen verführen, sondern vertrauen Sie darauf, wenn Fachleute Ihnen zu guten, zuverlässigen, krankheitsresistenten und bewährten Sorten raten.

Die perfekten Rosenbegleiter

▶............................ DIE ROSE UND ICH HABEN SO EINIGES GEMEIN-
SAM: Sie liebt die Sonne, allerdings nicht zu viel und nicht zu wenig,
sie mag durchaus nicht jeden Standort und ist vor allem sehr ungern
allein im Beet. Daher braucht die Königin der Blumen die richtigen
Begleiter. Denn, wie Sie sicher schon längst selbst bemerkt haben, ist
diese Dame nicht immer wirklich makellos. Da man heute glücklicherweise sehr davon absieht, Rosen regelmäßig mit Giften zu spritzen, braucht sie Begleiter, die diese Makel kaschieren.
Damit aber der Königin nicht die Show gestohlen oder sie gar von
ihrem Kavalier verschattet oder dominiert wird, sollte man darauf
achten, dass die Begleiter so geschaffen sind, dass sich die Dame wirkungsvoll von ihrer besten Seite zeigen kann, vor allem natürlich zur
Blütezeit. So sollten zum Beispiel die Blüten- und Blattfarben gezielt
auf die Blüten der Rose abgestimmt sein. Da es keine blauen Rosen
gibt, ist die Farbe Blau immer ein superber Begleiter, auch Weiß oder
sanftes Rosa.
Schön sind zum Beispiel die blauen und violetten Duftnesseln
Agastache 'Black Adder' oder *A.* 'Blue Fortune'. Diese Pflanzen eignen
sich nicht als Begleiter für kleine, niedrige Rosen wie Zwergrosen,
Bodendecker- oder Kleinstrauchrosen, denn sie werden selbst
60–90 cm hoch, verdecken jedoch nach der Blüte ganz besonders gut
die gelblichen, oft von Sternrußtau und Echtem Mehltau befallenen
unteren Blattbereiche größerer Rosen. Die dunklen Duftnesseln mit
ihren blauvioletten, kolbenartigen Blüten sind besonders als Begleiter für weiße und rosafarbene Rosen zu empfehlen, da sich die sehr
dunklen Blüten exzellent absetzen.
Von den Klassikern Frauenmantel (*Alchemilla mollis*) und der großen
Katzenminze (*Nepeta* 'Six Hills Giant') kann man natürlich nie zu
viel haben, denn auf ihnen tummeln sich zur Blütezeit nicht nur
unzählige Bienen, sondern auch viele Feinde der Blattläuse.

.... Schneiden Sie am Tag vor der Abreise in den Urlaub Ihren fast verblühten Frauenmantel und die Katzenminze 15 cm über dem Boden ab. Mit einem bisschen Glück hat sich die Pflanze von diesem drastischen Eingriff bereits bei Ihrer Rückkehr erholt. ....

Wir jedenfalls machen dies seit Jahren hier bei uns mit großem Erfolg. Für die remontierenden Rosen, also die öfterblühenden, empfehle ich auch gern die schönste und älteste Herbstanemonesorte 'Honorine Jobert', die mit ihren halbgefüllten, eleganten, weißen Blüten traumhaft zu jeder Rose passt, zumal nur die weißen Blüten 90–110 cm hoch wachsen, nicht aber das Blattwerk.
Nicht alle Ideen aus früheren Zeiten sind out, so feiert zum Beispiel das von Karl Foerster gezüchtete Schleierkraut Gypsophila 'Rosenschleier' eine echte Renaissance und auch die bezaubernde Sorte 'Summer Sparkles' oder 'Bristol Fairy' ist empfehlenswert. Ich habe das Gefühl, dass viele Gartenbesitzer der Meinung sind, dass Schleierkraut nicht winterhart ist, was nicht wirklich stimmt. Es braucht aber einen immer sonnigen Platz, am besten mitten im Beet, von anderen Pflanzen geschützt. Das hohe Schleierkraut (Gypsophila paniculata), blühend bis zu 1 m hoch, steht wunderbar im Beet, wenn es in eine kräftige Rose hineinwachsen kann, sonst braucht es eine Stütze.
Natürlich ist der Lavendel in allen Farben und Sorten einer der besten Rosenkavaliere, zumal er auch sehr wenig Wasser braucht und somit keine Konkurrenz für die Rose darstellt. Mit anderen Worten, alle Pflanzen, die wenig Wasser benötigen, sind gute Begleiter für die Rosen, allerdings würde ich deshalb keine Kakteen an die Rosen setzen, Klimaerwärmung hin oder her.

Clematis und Rosen

▶............................ DA DIE ROSE JA ANGEBLICH DIE KÖNIGIN UNTER
DEN PFLANZEN IST und viele auch noch immer in schönster Blüte
stehen, möchte ich Ihnen den schönsten Kavalier der Kletterrose, die
Clematis, ans Herz legen. Ich sehe diese so unglaublich erfolgreiche
Kombination zweier Gleichgesinnter noch viel zu selten und möchte nun hier eine Brücke für diese schöne Kombination schlagen.
Ich habe diese bezaubernde Zweisamkeit der Kletterrose mit einer
darin verwundenen Clematis drei Jahre lang an der Gartenakademie
ausgetestet, und in diesem Jahr sind beide, die Rose und die Clematis,
aus ihren schwierigen Teenagerjahren herausgewachsen, um sich
atemberaubend schön darzustellen. Toll ist, dass Sie die Farbe der
Clematis auf die Farbe der Rose abstimmen können, denn vor allem
die Sorten aus der *Viticella*-Gruppe beginnen bereits zu blühen, wenn
auch die Rose schon in voller Blüte ist. So haben wir zum Beispiel am
Fuße der einzigen remontierenden weißen Ramblerrose 'Guirlande
d'Amour' vor zwei Jahren eine *Clematis viticella* gepflanzt, die gänzlich bis an die letzte Spitze der wohl 4 m hohen Rose emporgeklettert
ist und diese nun mit etwa 500 tiefst dunkelblauen, fast schwarzen,
7 cm großen Blüten überschüttet. Wenn man bedenkt, dass die *Viticella*-Clematis im frühen Frühjahr, also Ende Februar/Anfang März,
bis auf 30 bis 40 cm zurückgeschnitten werden müssen, kann man
kaum glauben, dass es ihnen möglich ist, in nur vier Monaten so eine
unglaubliche Strecke zurückzulegen. Auch in der wild kletternden
Rosa 'Mme Alfred Carriere', die mit zartduftenden, weißrosa Blüten
aufwartet, klettert seit drei Jahren eine Clematis, die nun besonders
in diesem Jahr die Blühpause der großen, 5 m hohen Dame völlig
mit Hunderten Clematis-Blüten der dunkelroten Sorte 'Black Prince'
überhäuft.
Seit ich diese schönen Erfahrungen mit dieser Art Clematis gemacht
habe, plädiere ich grundsätzlich dafür, bei einem Neukauf einer
Kletterrose in dasselbe Pflanzloch noch eine *Clematis-viticella*-Sorte
dazu zu setzen. Die beiden verstehen sich traumhaft. Es scheint der
Clematis auch riesig zu gefallen, einen solchen umfangreichen Klet-

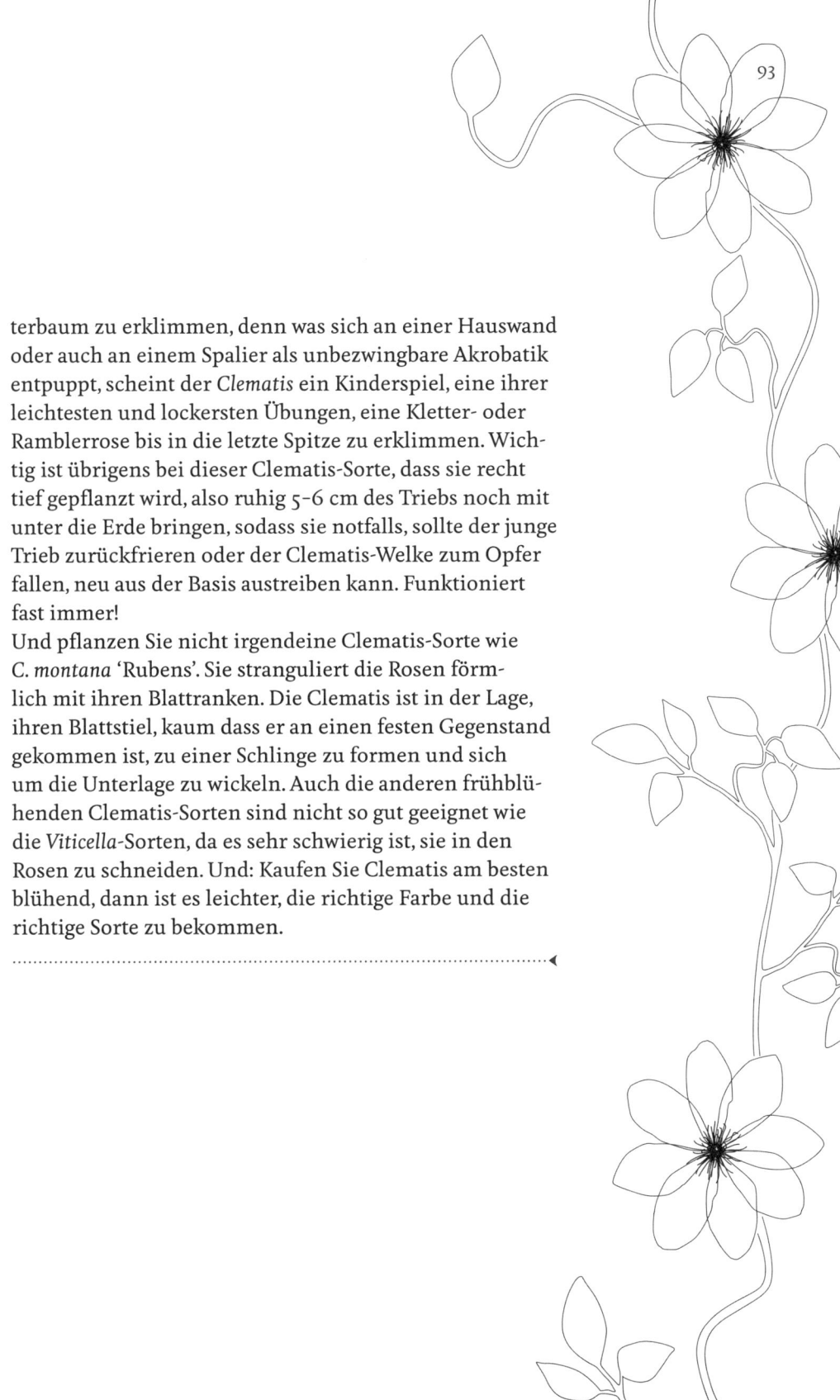

terbaum zu erklimmen, denn was sich an einer Hauswand oder auch an einem Spalier als unbezwingbare Akrobatik entpuppt, scheint der *Clematis* ein Kinderspiel, eine ihrer leichtesten und lockersten Übungen, eine Kletter- oder Ramblerrose bis in die letzte Spitze zu erklimmen. Wichtig ist übrigens bei dieser Clematis-Sorte, dass sie recht tief gepflanzt wird, also ruhig 5–6 cm des Triebs noch mit unter die Erde bringen, sodass sie notfalls, sollte der junge Trieb zurückfrieren oder der Clematis-Welke zum Opfer fallen, neu aus der Basis austreiben kann. Funktioniert fast immer!

Und pflanzen Sie nicht irgendeine Clematis-Sorte wie *C. montana* 'Rubens'. Sie stranguliert die Rosen förmlich mit ihren Blattranken. Die Clematis ist in der Lage, ihren Blattstiel, kaum dass er an einen festen Gegenstand gekommen ist, zu einer Schlinge zu formen und sich um die Unterlage zu wickeln. Auch die anderen frühblühenden Clematis-Sorten sind nicht so gut geeignet wie die *Viticella*-Sorten, da es sehr schwierig ist, sie in den Rosen zu schneiden. Und: Kaufen Sie Clematis am besten blühend, dann ist es leichter, die richtige Farbe und die richtige Sorte zu bekommen.

Sehr geehrte Frau Pape,
welche Hochstammrose würden Sie mir für meinen Balkon empfehlen? Die Sonne kommt ab 14 Uhr und bleibt bis abends. Sie sollte
vorzugsweise mehrmals blühen, robust sein und duften – falls es so
etwas überhaupt gibt – und die Blütenfarbe nicht zu knallig sein. Ich
habe gute Terrakottatöpfe und möchte zu der Stammrose eine Clematis pflanzen, geht das? Und welches ist der beste Dünger?
Ihre C. S.

Liebe Frau S.,
Sonne erst ab 14 Uhr ist nicht ganz so ideal für Rosen, daher würde
ich eine Sorte wählen, die recht krankheitsresistent ist und nicht zu
üppig blüht. Hier ist besonders die rosa blühende Sorte 'The May-
flower' von David Austin, die es auch als Hochstamm gibt, zu empfehlen. Sie bringt zwar niemals eine Fülle von Blüten gleichzeitig hervor,
ist jedoch auch nie ganz ohne Blüten – und diese duften auch herrlich. Eine Clematis kann man immer an die Rose setzen, ich würde
eine späte Sorte nehmen, damit sie nicht mit der Rose konkurriert.
Sie sollten aber darauf achten, zusätzlich zur Rose und der Clematis
auch etwas zu pflanzen, dass die Füße der Clematis bedeckt. Hierfür
eignet sich besonders der Frauenmantel *(Alchemilla mollis)*, mit anderen Worten, es gilt den Container so voll wie möglich zu pflanzen
und dann immer gut düngen, damit die Rose glücklich bleibt.

Guten Tag Frau Pape,
ich bin dabei, meinen Vorgarten mit Terrasse neu zu gestalten.
Hierzu habe ich meinen Rosen, die schon seit 20 Jahren am gleichen
Platz standen, ausgegraben und im Garten hinter dem Haus ins Feld
gepflanzt. Nach fünf bis sechs Wochen möchte ich die Rosen dann
gern wieder im Vorgarten einsetzten.
Ist das möglich, oder sollten die Rosenstöcke erst mal in Ruhe
gelassen werden? Sollten sie kurzgeschnitten werden? Und sollten
die Pflanzen, auch wenn sie erst wenige noch kleine Wurzeln haben,
gedüngt werden?
Im Voraus vielen Dank und freundliche Grüße, K. H.

Hallo Herr H.,
nun sind wir im Juni vielleicht doch schon ein wenig zu weit in die
Wachstumsperiode vorgedrungen, daher würde ich mit dem Umpflanzen bis zum Herbst warten, besonders, wenn die erst vor Kurzem ausgegrabenen Pflanzen jetzt blühen sollten. Nur wenn sie noch
kaum eingewurzelt sind und keine Blüten angesetzt haben, würde ich
mich trauen, sie jetzt noch zurück ins Beet zu setzen. Unbedingt mit
einem Kurz- und Langzeitdüngergemisch düngen und gut wässern.
Vielleicht noch ein kleiner Tipp: Wenn Sie die Rosen an ihren alten
Platz zurückpflanzen möchten, dann fügen Sie dem Boden unbedingt
ein wenig Mycorrhiza-Granulat zu, dies hilft dem müden Boden, sein
Bodenleben neu zu organisieren und beugt der sogenannten Boden-
müdigkeit vor. David Austin hat für seine Rosen eigens ein Präparat
produziert, aber auch andere Firmen stellen dieses natürliche Pro-
dukt her. Fragen Sie einfach in Ihrem Gartenfachhandel.

·······················

Es ist wirklich eine tiefe Überzeugung

von mir, dass man nicht

umhinkommt, die Naturgesetze

zu respektieren und den Garten

dementsprechend zu bepflanzen.

·······················

Stäben oder nicht Stäben?

▶............................. SCHON KARL FOERSTER WAR DER MEINUNG, dass eine Staude, die allzu viel Aufwand im Garten macht, am besten erst gar nicht gepflanzt werden sollte. Doch ganz so leicht kann man es sich nicht immer machen. Besonders nach einem kühlen, nassen Frühjahr, das dafür gesorgt hat, dass die Pflanzen üppig wachsen, bevor sie überhaupt daran denken, auch nur eine Blüte zu produzieren. Wenn ich an unsere Rosen denke, die dann kräftig, gesund und beachtlich hoch wachsen, ist kaum zu glauben, dass – von den Kletterrosen einmal abgesehen – noch nicht eine einzige Blüte in Sicht ist; und das in der zweiten Juniwoche!
Nun hilft alles nichts, jetzt müssen diese Lieblinge gestäbt werden, und wer das schon einmal probiert hat, weiß, dass das Problem bereits bei der Wahl der Stäbung beginnt. Was gut aussieht, hält oft keine Woche lang, was gut hält, sieht oft richtig fehl am Platz aus.

.... Rosen brauchen eine wesentlich stabilere Stäbung als viele Stauden, ganz besonders wichtig ist der richtige Zeitpunkt. Wenn die Pflanzen erst einmal blühen, ist es schon fast zu spät. ....

Gestäbt wird im Mai, wenn die Stäbe und Hoops (Reifen) gut im Beet versteckt werden können. Bei Rosen ist das Hauptproblem, dass sich die Triebe stark nach vorne beugen, sobald sich die Knospen öffnen, sodass die Blüten oft fast auf dem Boden zu liegen kommen, ganz besonders nach einem Regenguss. Ich bin bei der Stäbung ein großer Fan von einfachen, aber nachhaltigen Lösungen und benutze fast ausschließlich eiserne Stützringe, d.h. in einem Stück gebogene, etwa 7 bis 10 mm starke Halbkreise, die auf gar keinen Fall grün sind, denn ich habe noch nie grüne Gartenutensilien entdeckt, die man im Beet nicht sieht. Bitte kaufen Sie Elemente, die man nicht sehen soll, immer nur in Schwarz, Anthrazit oder Rostfarben. Das Gute an

diesen Stützhalbkreisen ist, dass man sie tief in die Erde stecken kann und dass sie – abgesehen davon, dass sie wirklich nicht auffallen – große Mengen an Trieben und blühenden Ästen auf einmal aufrecht halten. Bei den Rechtwinkelstäben, die durch Häkchen miteinander zu verbinden sind, mag ich nicht, dass sie nicht nur meist in diesen schreienden Grüntönen angeboten werden, sondern auch dazu neigen, bereits nach dem ersten Windhauch im Beet völlig auseinander zu fallen, sodass man das ganze Brimborium wieder einsammeln und neu aufbauen muss. Ich finde, einmal im Jahr zu stäben reicht vollkommen aus. Auch für sehr kräftige Stauden wie Päonien und Rittersporne empfehle ich die Halb- oder Vollkreisringe aus Stahl. Pfingstrosen sollten früher gestützt werden, damit die jungen Triebe noch während des Wachstums ins Kreisinnere dirigiert werden können. In unseren Beeten sind sogar Katzenminze (*Nepeta × fassinii* 'Walkers Low') und Frauenmantel (*Alchemilla mollis*) oft bereits Mitte Juni so wuchtig gewachsen, dass wir sie dann früher zurückschneiden müssen, was wir eigentlich nie vor Ende Juni, Anfang Juli tun.
Die Engländer benutzen zur Stäbung von Stauden gern die dicht verzweigten, getrockneten Enden der Haselnussruten. Es gibt in Sissinghurst und anderen großen, berühmten Gärten ganze Beete, die mit dieser fast unsichtbaren Stäbung bestückt sind. Die etwa 70 bis 80 cm langen Ruten werden mit dem dicken Ende etwa 20 bis 25 cm tief in den Boden gesteckt und die verzweigten Spitzen in 40 cm Höhe um 90 Grad umgebogen. Das hält, wackelt nicht und ist ausgesprochen unauffällig attraktiv. Durch dieses Netzwerk wachsen dann die Stauden und stehen wie eine Eins.

Das Sommerloch ist ein Gerücht

▶.............................. IM JUNI BEGINNT DIE SAISON DER FRISCH
STRAHLENDEN SONNENANBETER und die ziehen gerade nicht nur
in Richtung Ostsee oder Mittelmeer, sondern auch in den Garten. Ich
spreche von jenen Pflanzen, die in voller Vorfreude auf den Sommer, ihre Blütenblätter so weit wie möglich ausstrecken, um keinen
einzigen Sonnenstrahl zu verpassen. Ich meine die fröhliche Familie
der Korbblütler oder Asterngewächse. Es ist eine der größten Pflanzenfamilien überhaupt, sie umfasst über 1500 Gattungen mit etwa
22 750 Arten. Verteilt über die ganze Welt, gibt es sie als Stauden, aber
auch als Sträucher, Bäume und Kletterpflanzen, obwohl für unser
Klima eigentlich fast nur die Stauden geeignet sind. Viele bekannte
Gesichter in unseren Gärten gehören zu den Korbblütlern,
angefangen beim bescheidenen Gänseblümchen, über den
nicht so bescheidenen Löwenzahn und die Disteln, aber
auch Sonnenblume, Artischocke, Kamille, Ringelblume,
Chicorée, Dahlie, Kosmee, Schafgarbe, Wasserdost, Sonnenhut, Astern bis hin zur guten alten Margerite.
Die im Frühsommer blühenden Stauden haben
meistens frische, kühle Farben. Erst ab dem
Hochsommer kommen die warmen, satten
Farben, wie Gelb, Orange und Samtrot, die zum
Beispiel beim Sonnenhut *(Echinacea)* und den Sorten der Sonnenbraut *(Helenium)* wiederzufinden sind. Zum
Herbst hin präsentiert sich diese Pflanzenfamilie dann eher
wieder in gedeckteren Farben wie zum Beispiel die Astern und
Chrysanthemen. Frisches Weiß ist dann eher selten.

.... *Als typische Bauerngartenpflanzen wirken groß*
blumige Margeriten mit ihrem großen, goldgelben Herz, umrandet
von einem großzügigen Kragen aus rein weißen Blütenblättern

vielleicht etwas altmodisch, und doch gehören sie für mich wie Phlox und Rittersporn zu jenen nostalgischen Pflanzen, die einfach als zuverlässige Blüher in ein gutes Beet gehören. ....

Abgesehen davon sind sie exzellente Rosenbegleiter, da sie den Insekten, die zudem im Vorbeifliegen – ganz nebenbei – gern die eine oder andere Blattlaus verzehren, viel Nektar bieten. Jede Blüte ist eigentlich eine Zusammenstellung aus Hunderten von individuellen Blüten, von denen nur der äußere Rand ein dekoratives Zungenblütenblatt bekommt. Deutlich wird dies, wenn man einmal bedenkt, wie viele Samen von einer einzelnen Pusteblume gepustet werden können, denn jede einzelne Blüte produziert nur einen einzigen Samen. Wer Probleme mit der Farbe Gelb hat, sollte sich an *Leucanthemum × superbum* 'Christine Hagemann' halten: Diese Dame hat ein halbgefülltes Blütenkörbchen in einem sanften, grünlichen Gelbton. Wer Margeriten mag, der sollte es einmal mit der Sorte 'Gruppenstolz' – ich finde, ein schöner, deftiger alter Name – versuchen, die auf Stängeln von 60 cm Höhe von Juli bis September blüht – besonders, wenn Sie die abgeblühten Blüten regelmäßig ausknipsen.
Ähnlich blühend wie die eben beschriebene, ist die Herbstmargerite *(Leucanthemella serotina)*. Allerdings ist sie schulterhoch und bekommt ihre strahlenden sommerlichen Blüten erst später im Jahr im September/Oktober. Sie ist ein echter Hingucker, vor allem dann, wenn man sich innerlich schon auf die herbstlichen Farben der letzten Astern und Chrysanthemen eingestellt hat.
Einige Korbblütler, wie zum Beispiel die Färberkamille *(Anthemis tinctoria)*, haben eine unglaublich lange Blütezeit, die über den ganzen Sommer sogar bis Oktober dauern kann, wenn Sie auch hier die verblühten Blüten regelmäßig ausknipsen. Besonders die Sorte 'Sauce Hollandaise' hat attraktive, crèmegelbe Blüten, wohingegen die eigentliche Art einen warmen Gelbton aufweist. Sie ist so großzügig mit ihren Blüten, dass man es ihr nicht übel nehmen sollte, wenn sie nach dem Winter nicht immer die Kraft hat, noch einmal auszutreiben.

....◀

Hitzefrei für den Garten

▶·············· DIE HITZE IST FÜR DEN GARTEN GENAUSO
ANSTRENGEND WIE FÜR UNS, nur mit dem Unterschied, dass sich
Stauden, Bäume und Sträucher nicht mal eben so in den Schatten
setzen können. Aber eine kühle morgendliche Dusche würde ihnen
schon auch gefallen. Wobei wir schon beim Thema sind, nämlich was
jetzt in und mit den Staudenbeeten anzustellen ist: Wässern, wässern,
wässern heißt das Thema, und vor allem ganz früh morgens, wenn die
Sonne noch nicht auf die Blätter und Blüten knallt. Stellen Sie den
Sprenger vor allem lange auf, mindestens 20 bis 30 Minuten, damit
nicht nur die Erdoberfläche und die Blätter nass werden, denn das
würde in Oberflächenwurzeln resultieren, was die Pflanzen anfällig
fürs Austrocknen macht. Der Trick ist, wirklich ganz früh morgens,
also etwa um 5 Uhr den Rasensprenger anzumachen, eine Zeitschalt-
uhr oder ein Bewässerungscomputer am Wasserhahn leistet da gute
Dienste. Denn ob Sie es mir glauben oder nicht, später am Tag zu wässern nutzt den Pflanzen so gut wie gar nicht, und abends hilft auch
nicht wirklich, da Pflanzen nachts dissimilieren („ausatmen") - und
dafür benötigen sie kein Wasser.

·············· *Rosenbeete sind von Wässern mit dem Sprenger ausge-
nommen, denn die Königin der Gartenblumen möchte weder auf den Blüten
noch auf den Blättern nass werden.* ··············

Was Sie jetzt im Garten tun können, ist ihn auf die Rückkehr aus
dem nächsten Urlaub vorzubereiten. Denn nichts ist deprimieren-
der, als aus einem Urlaubsort zurückzukommen, wo alles so schön
blühte und grünte, und zu Hause ist alles verblüht und ausgedorrt.
Diesem Phänomen können Sie vorbeugen, indem Sie jetzt Katzenminze, Salbei und vor allem auch Frauenmantel, Rittersporn und die
Storchschnabel der *Macrorrhizum*-Gruppe zurückschneiden. Beim

Rittersporn ist ganz wichtig, dass der Neutrieb nach dem Rückschnitt des Blütenstamms stark gedüngt wird – ideal wäre dafür abgelagerter Pferdemist. Wer den nicht hat, sollte einen schnell wirkenden Dünger, also keinen Langzeitdünger, nehmen. Bei Katzenminze *(Nepeta × fassenii)* und Frauenmantel *(Alchemilla mollis)* können Sie alles bis knapp über das Herz der Pflanze zurückschneiden, also bis auf 3-5 cm über dem Boden. Achten Sie dabei darauf, auch die alten Blätter abzuschneiden, eigentlich darf gar nichts an der Pflanze drangelassen werden. Den Rittersporn, der jetzt schon an der Basis neu ausgetrieben sein sollte, kann man bis auf 20 cm zurückschneiden, das Gleiche gilt für alle staudig wachsenden Salbeisorten, nicht aber für die einjährigen. Diese bitte nicht bis auf den Boden zurückschneiden, sondern nur so weit, dass die verblühten Blüten entfernt werden, es sollten etwa 40 cm der Pflanze stehen bleiben. Diesen Aufwand werden Ihnen die Pflanzen dann danken, indem sie, bis Sie aus dem Urlaub zurückkommen, neue, blühende Triebe ausgebildet haben.

Noch ein kleiner Tipp, damit der Garten nicht allzu traurig aussieht, wenn Sie aus dem Urlaub zurückkommen: Pflanzen Sie jetzt in die Lücken im Beet, also dort, wo schon etwas verblüht ist, wie der Orientalische Mohn, trockenheitsverträgliche Einjährige. Ich empfehle besonders Ziertabak wie den bezaubernden *Nicotiana mutabilis* und die dunkelrote N. 'Black Night', die sich bis zum späten Herbst/Winter halten und stetig blühen und wachsen.

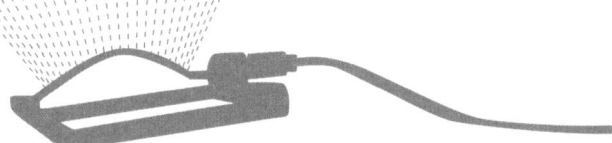

Schattengärten

▶.............................. ES IST MIR DOCH NOCH EINMAL EIN ANLIEGEN,
über die Unlust der Schattengartenbesitzer zu schreiben, die jahrein,
jahraus damit kämpfen, sonnenliebende Stauden und Sträucher in
die abgelegensten dunklen Ecken des Gartens zu pflanzen. Dies ist,
wie Sie wissen, nicht die Lösung für den Garten, zumal man bei fast
allen Gärten davon ausgehen kann, dass kaum jemand einen gesamten Garten im Vollschatten hat. Übrigens ist es noch einmal ein
großer Unterschied, ob der Schatten durch Baumkronen entsteht
oder ob nur weniger Licht an einen Ort kommt, weil zum Beispiel
ein Gebäude davor steht. Hier bekommen die Pflanzen nämlich viel
mehr Licht als unter Bäumen.

Man muss sich das so vorstellen: Die Sonne produziert rot-rotes
Licht (so heißt das in der Fachsprache) das erste Rot wird bereits von
Baumkronen sozusagen herausgefiltert, damit betreiben diese Bäume
ihre Fotosynthese, eine Art Energieumwandlung, die den Pflanzen
erlaubt, grün zu werden und zu bleiben. Das bedeutet aber, dass für
die darunterliegenden Pflanzen nur noch das Restlicht, das zweite
Rot zur Verfügung steht, und dieses missbilligen viele Sonnenanbeter,
besonders jene, die gern die erste Ladung Rot hätten, also alle Son-
nenstauden und Sonnensträucher. Es gibt aber durchaus Pflanzen,
die von ihrer Natur her viel lieber unter einem Laubdach wachsen
und sich sozusagen mit dem Secondhand-Licht arrangieren. Meist
sind dies Pflanzen, die normalerweise auch in Wäldern oder am
Waldrand wachsen. Nur unter Rot- und Blutbuchen wächst einfach
überhaupt nichts, weil sie zu den wenigen Pflanzen gehören, die ganz
eigensinnig das gesamte rot-rote Licht für sich und ihre Fotosynthese in Anspruch nehmen. Da gibt es dann nur die Möglichkeit, die
untersten Äste der Bäume zu entfernen (wo dies erlaubt ist), sodass
wenigstens ein wenig Sonne seitlich unter den Baum kommen kann,
dies ist aber nicht ideal.

Die Engländer haben sich bereits vor vielen Jahren mit Schatten arrangiert und machen einfach einen Frühlingsgarten in die Bereiche, die den Sommer über verschattet sind. Das heißt, hier blühen und gedeihen vor allem Pflanzen, die im Frühjahr all ihren Zauber zeigen, um sich dann in den belaubten Monaten im Schatten der Bäume auszuruhen. Hierzu gehören eben sehr viele Zwiebelblumen wie Hyazinthen, vor allem Schneeglöckchen, Hasenglöckchen (Bluebells), aber auch die vielfarbigen Lenzrosen, Lungenkraut, Anemonen, Wolfsmilchgewächse, also Euphorbien aller Art, und *Cyclamen* sowie Bärlauch. Bei den Euphorbien sind besonders Sorten wie *Euphorbia robbiae* und *E. griffithii* 'Fireglow', die durch ihr leuchtend orangefarbiges Laub im Schatten betören. Sobald sich dann ab Anfang bis Mitte Mai das Laubdach schließt, vergeht der Blütenzauber langsam und ab Ende Mai schläft dann der Schatten. Bis im Herbst wieder Licht für die Herbstalpenveilchen (*Cyclamen hederifolium*) auf den Waldboden kommt, pflanzt man noch kleine, feine Sommerfreuden (von Highlights würde man da nicht unbedingt sprechen) in Form von Farnen und Waldgräsern wie *Luzula nivea*, *Deschampsia cespitosa* oder *Carex sylvatica*.

Es ist wirklich eine tiefe Überzeugung von mir, dass man nicht umhinkommt, die Naturgesetze zu respektieren und den Garten dementsprechend zu bepflanzen. Der ganz andere Schatten, nämlich der Schatten von Gebäuden, bietet dagegen wesentlich mehr Möglichkeiten, denn hier filtert niemand rotes, lebensenergiebringendes Licht. Hier lieben es die Funkien (*Hosta*), Silberkerze (*Cimicifuga*) in Sorten sowie *Epimedium*, die Elfenblumen – da reicht der Platz gar nicht aus, um alle aufzulisten.

.... *Wichtig ist, dass man sich mit den Gegebenheiten vor Ort abfindet und nicht versucht, Pflanzen an einem Ort zu quälen, an dem sie gar nicht sein wollen.* ....
....◀

Freud und Leid mit Rittersporn

▶························ BEI DER RÜCKKEHR AUS GROSSBRITANNIEN IN
MEINE HEIMAT WAR DIE FREUDE GROSS, endlich auch Rittersporn
im Garten haben zu können, denn auf dem sehr fetten, lehmigen
Kalkboden in den Cotswolds, nordwestlich von London, hatten diese
blauen Schätze des Gartens, wie sie Karl Foerster nannte, keine Chance. Sie waren dort so kurzlebig, dass selbst die Schnecken mit ent-
täuschten Gesichtern durch die Beete zogen. Nun habe ich endlich
den von Foerster so gelobten brandenburgischen Sandkasten als Beet
und stelle fest, der Kerl (ich gehe mal davon aus, Rittersporn ist einer)
ist eine Zicke. Er will gehegt, gepflegt, besprochen, gestäbt, verpflanzt
und generell viel betüttelt werden, wie meine Großmutter zu sagen
pflegte, um dann trotzdem von einer Horde dicker, fetter Schnecken
über Nacht in meinem Beet verschlungen zu werden. Warum, frage
ich mich, warum wollen wir ihn dennoch nicht missen? Und da fällt
mir wirklich nur die eine Antwort ein: aus Nostalgie. Meine Großmutter hat mit dem Rittersporn gekämpft, Karl Foerster hat mit ihm
gekämpft und der Ritterspornbär von Berlin und Potsdam, der gute
Gärtner Kautz, kämpft noch immer mit ihm. Meine Mutter fragt
mich, seit ich meine Gärtnerlehre abgeschlossen habe, was man denn
als Ersatz pflanzen könnte, um dann, gänzlich gegen meine Emp-
fehlung, wieder einen Rittersporn an die alte Stelle zu pflanzen. Sie
sehen, er will einfach gehabt werden, der Rittersporn.
Weltweit gibt es je nach Ansicht der Botaniker zwischen 300 und 350
Arten, welche hauptsächlich in der nördlichen, gemäßigten Zone
beheimatet sind. Die Rittersporne zeigen uns, wie unermesslich groß
die Palette der Blautöne ist, und welche Hochstimmung sie bei uns
auslösen.

.... Um lange Freude an diesen blauen Schönheiten zu haben, sollte der Boden nicht zu sehr verdichtet sein. Sie wachsen gern in frischen, lehmig-humosen Böden. ....

Rittersporne werden in unterschiedliche Gruppen eingeteilt. Zur *Elatum*-Gruppe gehören beispielsweise Sorten wie 'Ariel', eine Foerster-Züchtung aus dem Jahre 1967, hellblau mit weißem Auge, oder die 1987 von Wolfgang Kautz gezüchtete Sorte 'Augenweide', die ebenfalls hellblaue Blüten trägt. 'Finsterahorn' ist eine ebenfalls von Karl Foerster 1937 gezüchtete Sorte, die wunderschön dunkelblau blüht. Die *Elatum*-Gruppe zeichnet sich durch Standfestigkeit und Gesundheit aus.

Eine weitere Gruppe sind die *Belladonna*-Hybriden. Sie werden nicht ganz so hoch und haben solch bezaubernde Namen wie 'Kleine Nachtmusik' (violettblau) und 'Ballkleid' (hellblau).

Dann hätten wir noch etwas für Ihre kleinen Gärten: *Delphinium grandiflorum*, dieser wird nur 30 bis 80 cm hoch, und eine enzianblaue Sorte ist der 'Blaue Zwerg'. Nun, werden Sie sagen, das hört sich alles toll an, nur spätestens zwei Jahre nach dem Einzug in meinen Garten glänzen sie mit Abwesenheit – was tun? Dazu haben wir eine Erfolgspflanzanleitung von unserem „Ritterspornguru" Wolfgang Kautz: Schneiden Sie den Rittersporn – wenn möglich – jedes Jahr um Johanni (vom 20. bis 25. Juni) 3 cm über der Erde ab, düngen und wässern Sie ihn anschließend gut. Möglichst sollte man ihn jedes zweite Standjahr (sofern er noch da ist) aufnehmen, teilen und umsetzen. Der neue Standort wird vor der Pflanzung gut mit Kompost, Mist und Hornspänen vorbereitet und die Pflanzen etwa 2 cm tief ins Erdreich gepflanzt. Die weißen, frischen Triebe müssen unter der Erde sein. Die nächsten zwei bis drei Wochen unbedingt feucht halten, der Rittersporn darf nicht austrocknen. Außerdem gilt es, ein besonderes Augenmerk auf die immer hungrigen, von den jungen Trieben magisch angezogenen Nacktschnecken, zu legen.

Noch mehr Sommerblumen

▶·························· AUCH WENN DIE MEISTEN VON IHNEN GLAUBEN, dass der Glanz des Gartens und vor allem auch die Vielfalt der Farben im Juli dem Ende zu gehen, kann ich Sie beruhigen: Viele stehen zwar nun in ihrem Zenit, doch andere beginnen gerade erst, ihre schönen Blüten dem Himmel entgegenzustrecken, und das gilt nicht nur für den Garten. Denn für die Bepflanzung von Balkone und Terrassen bitte ich Sie, einmal ein wenig mehr Abenteuerlust an den Tag zu legen und die nach den Ferien vertrockneten Sommerblumen nicht – wie jedes Jahr – durch Chrysanthemen und Heidekraut zu ersetzen. So gibt es zum Beispiel bezaubernde Durchblüher, also Einjährige, die von Juni bis zum späten Frost blühen, dazu gehören die Prachtkerze *(Gaura lindheimii)*, von der es seit einigen Jahren sehr viele unterschiedliche Sorten gibt. Ebenso wie die gute alte Spinnenblume *(Cleome spinosa)* in Sorten, die in den schönsten Weiß-, Rosa- und Violetttönen blüht. Unglaublich zuverlässig – und genau wie die bereits genannten Pflanzen – sind die Kosmeen *(Cosmos)* echte Hingucker, die im Laufe der Sommermonate immer buschiger und kräftiger wachsen. Diese Pflanzen blühen unermüdlich, vorausgesetzt, Sie entfernen regelmäßig die verblühten Blütenstände. Wer glaubt, dass diese Pflanzen nicht im Balkonkasten zu halten seien, irrt: Es funktioniert wunderbar, wird nur leider noch nicht so oft praktiziert. Wer sie sich im Juni oder Juli auf den Balkon holt, kann schon im August so eingewachsen sein, dass der Nachbar nicht mehr zu sehen ist.

···················· Wäre es nicht klasse, wenn alle Balkone so zugewuchert wären, dass niemand mehr nirgends reinsehen könnte, und die Nachbarn ohne Balkon, die sich so häufig mit dem Ellbogenkissen aus dem Fenster lehnen, ooch nüscht mehr zu sehen hätten? ······································

Tatsächlich sind Kosmeen, Prachtkerzen und Spinnenblumen, einmal angewachsen, unglaublich trockenheitsunempfindlich und brauchen sehr wenig Platz, sodass sie ideal für enge Blumenkübel und -kästen geeignet sind. Alle Einjährigen kann man übrigens auch sehr gut selbst aus Samen anziehen, nur bei der Spinnenblume empfehle ich das nicht wirklich, sie ist nämlich eine Zicke *par excellence* und als Keimling und Jungpflanze sehr eigen, während sie sich als Erwachsene dann anspruchslos und unkompliziert präsentiert. Wer dann noch mit einer Nachttischblume auftrumpfen möchte, sollte unbedingt nicht versäumen, eine sogenannte Schokoladenblume *(Cosmos atrosanguineus)* zu pflanzen, die es mittlerweile auch in vielen unterschiedlichen Sorten gibt. Wenn Sie jetzt fragen, ob es Sorten wie Ritter Sport, Toblerone oder gar Godiva gibt, muss ich passen; nein, sie riechen allesamt stark nach guter belgischer, dunkler Schokolade. Ihr Nachteil: Sie sind nicht winterhart und dafür verhältnismäßig kostspielig. Doch was soll das schlechte Leben schon nützen, wo nun schon wieder nur die Rede davon ist, dass unser Geld sowieso bald nichts mehr wert sein soll.

Und dann möchte ich Ihnen noch den Ziertabak ans Herz legen. Ob für Balkon, Terrassenkübel oder eine Lücke im Beet, die blütenschwache Zeit kann mit den vielen schönen Sorten der leider noch sehr unbekannten, teils stark duftenden Tabakpflanzen gefüllt werden. Besonders zu empfehlen ist die zart weiß-rosa blühende und ca. 1,20 bis 1,50 m hoch wachsende *Nicotiana mutabilis*. Ihre bezaubernden kleinen Blüten schweben bis zum Frost wie kleine Schmetterlinge über Ihren Balkon. *Nicotiana sylvestris* mit ihren langen, weißen Blütentrompeten bevorzugen etwas größere Kübel, um sich in voller Größe von immerhin 1,50–1,70 m zu entfalten.

Also, nun tun Sie mir den Gefallen und trauen sich doch bitte zu, noch eine letzte Neubepflanzung des Balkons, der Terrasse oder der Lücken im Beet vorzunehmen. Für den Preis eines schönen Blumenstraußes können Sie sich noch bis Weihnachten an ihnen erfreuen.

Sehr geehrte Frau Pape,
obwohl ich eigentlich einen „grünen Daumen" habe, gelingt es mir
nicht, die schönen altmodischen Spinnenpflanzen aus Samen zu
ziehen. Die Pflänzchen kümmern und wachsen einfach nicht von der
Stelle. Was mache ich falsch?
Mit freundlichen Grüßen, P. K.

Liebe Frau K.,
der Trick ist ganz einfach, die kleinen Pflänzchen müssen fast direkt
nach dem Keimen, also noch als Kleinstpflanze sofort pikiert und
eingetopft werden, ansonsten mickern diese kleinen Pflänzchen
vor sich hin oder fallen in sich zusammen. Sie wollen alleine und
einsam sofort in einen eigenen, größeren Topf - 9 cm sind anfangs
ausreichend - und dann auch schon bald in einen noch größeren. Sie
neigen, trotz aller Bescheidenheit, leicht zu Größenwahn. Wir haben
jedenfalls dieses Jahr auf diese Weise Hunderte von Pflanzen erfolgreich vermehrt.

Hallo,
ich würde gern unserem quadratischen Balkon mit einer Fläche von
etwa 3×3 m, der nachmittags ca. vier Stunden Sonne bekommt, wie
folgt nett dekorieren: drei bis vier Töpfe mit immergrünen, winterharten Pflanzen, die etwa 50 bis 80 cm hoch werden sollen, dazwischen kleinere Sommerblüher. Was würde gut zusammenpassen?
Der hintere Bereich in der Mitte soll noch für zwei Sitzgelegenheiten
frei gelassen werden.
Zu erwähnen wäre noch, dass wir eine Katze haben. Sollten wir Katzenminze pflanzen? Möglicherweise soll auch ein kleiner Brunnen
eingeplant werden. Ein kleines Eibenbäumchen steht schon auf dem
Balkon.

Guten Tag!

Diese Fragen zur Balkonbepflanzung sind für mich recht schwer zu beantworten, liebe Frau S., habe ich doch keine Ahnung, was Ihnen gefällt und welche Farben Ihnen zusagen. Im Garten und auf dem Balkon darf nämlich (fast) alles gepflanzt werden, frei nach dem Motto, was gefällt ist erlaubt. Nur weil Sie bloß vier Stunden Sonne am Nachmittag haben, heißt das nicht, dass es für Ihren Balkon keine Auswahl gibt. Eine immergrüne Pflanze für den Schatten wäre der Buchsbaum in allen Formen und Typen, er liebt den Schatten genau so wie die Sonne. Ich würde mir aber auch noch eine schöne Blattpflanze wie einen Japanischen Ahorn auf die Terrasse holen, die roten und die grünen Sorten gedeihen besser, wenn sie nicht in der prallen Sonne sitzen, der rote darf nur nicht zu dunkel stehen. Sie lieben es auch in Töpfen zu leben, darauf sollte man viel mehr Rücksicht nehmen beim Pflanzenkauf. Ebenfalls schön für Kübel sind Oliven, Zitronen und Oleander, sie haben aber natürlich den Nachteil, dass sie nicht winterhart sind. Unterpflanzen würde ich dann wahrscheinlich mit nicht winterharten Stauden und Einjährigen wie *Gaura* und *Cosmos* in Weiß, Pink und Cerise (Kirschrot), oder winterharten Funkien wie *Hosta plantaginea*, die ein tolles Blatt im Schatten entwickelt und deren rein weiße Blüten vier Wochen lang betörend duften. Für 30 bis 50 Euro bekommen Sie etwa 12 bis 25 Pflanzen, je nachdem, was Sie kaufen, und dafür haben Sie Blütenpracht bis in den Winter – das ist der günstigste Blumenstrauß, den Sie sich schenken können.

. . . .

An jeder Stelle des Gartens

wird man von unglaublichen

Düften umgeben.

. . . .

Der Cottage-Garten

▶............................ FÜR DIE PFLANZEN IST EINE SOMMERLICHE REGENPAUSE WUNDERBAR, sie erholen sich und strahlen in noch schönerem Glanz als zuvor. Dabei denke ich gerade besonders an die englischen Gartenfreunde, die bekanntlich mit enorm viel Regen im Sommer konfrontiert werden und die unglaublichsten und farbenfrohesten Cottage-Gärten haben. Cottage-Gärten haben eine sehr alte Tradition, sie verbinden Nützliches mit Schönem. Der Laie glaubt oft, es sei alles bunt durcheinander gepflanzt, aber in Wirklichkeit ist der Garten nach einem sehr genauen Plan gestaltet. Neben Obst und Gemüse wird in diesen Gärten besonders viel Wert auf die Blütenpracht gelegt, weniger auf Blattpflanzen. Mauern sind mit Kletterpflanzen und Obstspalieren bewachsen. Ein Weg führt meist schnurgerade vom Tor zum Hauseingang. Oft gibt es beschnittene Buchsbaumhecken als Wegeinfassungen.

............................Ein Cottage-Garten vermittelt etwas Intimes, es gibt keine Rasenflächen und auch keine leeren Gartenräume. An jeder Stelle des Gartens wird man von unglaublichen Düften umgeben. Ganz besonders wichtig für diese Gartenart sind auch Bienen-und Schmetterlingsblumen. ....

Ursprünglich war auch die Honigproduktion ein wichtiges Standbein der Cottage-Gärtner. Gehölze haben häufig eine geringere Rolle gespielt, wurden aber viel zur Begrünung der Mauern genutzt, zum Beispiel die Kletterhortensie *(Hydrangea petiolaris)*. Zunehmend finden auch die Rispenhortensien *(Hydrangea paniculata)* Verwendung, besonders da sie, was Licht- und Bodenverhältnisse betrifft, kaum Ansprüche stellen, abgesehen von einer Vorliebe für saure Böden. Die Bauernhortensien trumpfen mit ihren wunderschönen Farben auf. Blaublühende Hortensien blühen in manchen Fällen - zur großen Verwunderung ihrer Besitzer - nach einigen Jahren rosa. Für eine blaue Blüte ist ein saurer Boden mit einem pH-Wert zwischen 4,0 und 4,5 entscheidend und letztendlich ist Aluminium für die Blaufärbung verantwortlich. Dies können Sie dem Boden in Form von Alaun zugeben, das im Fachhandel als HORTENSIENBLAU erhältlich ist. Neben den wenigen Gehölzen besteht die Grundbepflanzung eines Cottage-Gartens aus mehrjährigen Pflanzen; zu den wichtigen Hochsommerblühern gehören hierbei Lupinen *(Lupinus)*, Rittersporn *(Delphinium)* und Phlox *(Phlox paniculata)*. Glockenblumen wie *Campanula lactiflora* erfreuen im Sommer mit lila-violetten Blüten auf locker verzweigten Stielen. *Alchemilla mollis,* der Frauenmantel, sollte nach dem Verblühen heruntergeschnitten werden, damit er sich nicht zu stark aussät. Wichtige Spätblüher sind die Sonnenbräute *(Helenium)*. Die verschiedensten Salbei-Arten sind geradezu ein Must-have, da sie den Cottage-Gartenbesitzer mit ihren Farben und Düften bezaubern und von Frühsommer bis in den Herbst voller Hummeln sind. Zu den beliebten Herbstblumen gehören vor allem die verschiedenen Fetthennen *(Sedum spectabile)* und Sonnenhut *(Rudbeckia fulgida* 'Goldsturm'). In eher schattigen Bereichen gedeiht die Japanische Anemone *(Anemone japonica* 'Honorine Jobert') hervorragend, eine sehr schöne, einfach blühende, weiße Sorte. Eine große Rolle kommt auch den ein- und zweijährigen Pflanzen zu. Kapuzinerkresse *(Tropaeolum majus)* setzt das ganze Jahr hindurch grandiose Farbakzente. Das Löwenmäulchen *(Antirrhinum majus)* ist nicht nur bei Kindern eine sehr beliebte Pflanze. Und natürlich dürfen auch Kräuter nicht fehlen: Lavendel, Rosmarin, Schnittlauch, Fenchel, Liebstöckel, Salbei, Basilikum und die verschiedenen Minzen werden häufig in geordneten Reihen gepflanzt.

Und *last but not least,* wie eingangs bereits erwähnt, sind Obst und Gemüse wichtige Bestandteile eines richtigen Cottage-Gartens. Verschiedene alte Sorten, vom Apfel bis zur Tomate, liegen dabei voll im Trend.

Im Jahr der Nepeta

▶ .... NEIN, ES HANDELT SICH HIERBEI NICHT UM EIN NEUES CHINESISCHES HOROSKOPZEICHEN, sondern um eine der anspruchslosesten und wichtigsten Stauden für den Garten. Warum widme ich mich dieser Pflanzengattung so intensiv? Sie wurde vom Verband der Staudenzüchter zur Staude des Jahres 2010 gewählt . Für diejenigen, die noch nie von der Staude des Jahres gehört haben, sei dazu kurz bemerkt: Hierbei handelt es sich darum, gute Gartenstauden, die mehr als nur eine Sorte beinhalten, mehr in den Mittelpunkt zu rücken. Im letzten Jahr waren es die Sonnenhüte *(Echinacea)*, davor die Sonnenbräute *(Helenium)*, 2011 die Fetthenne und 2012 der Staudenknöterich *(Persicaria)*.

Von der Katzenminze kennen die meisten wahrscheinlich nur *Nepeta × faassenii*. Meine Mutter hatte sich vor vielen Jahren so sehr in eine andere, im Mai blühende Spezies verliebt, dass ich immer noch darüber verwundert bin, dass ich nicht *Nepeta mussinii* heiße.

Die Katzenminze heißt Katzenminze, weil sie einen besonders hohen Gehalt an Nepetalacton hat, das für Katzen wie eine Droge wirkt, die sie in völlige Ekstase bringt, und manchmal von der Pflanze wenig übrigbleibt. Nur die großen hohen Sorten bleiben von Katzenattacken verschont.

An der Katzenminze und ihren Sorten lässt sich sehr schön demonstrieren, warum es mir so wichtig ist, die lateinischen Namen von Pflanzen zu benutzen. Ohne dieses Wissen bekommen Sie leider fast immer nur die gewöhnliche Katzenminze *Nepeta × faassenii*, vielleicht noch die Sorte 'Six Hills Giant', aber dann war's das auch schon. In Wirklichkeit gibt es viel schönere neue Sorten auf den Pflanzentischen der Staudengärtner: die viel länger blühende *Nepeta × faassenii* 'Walkers Low' aus England, die entgegen ihrem Namen gar nicht *low* (also niedrig), sondern viel höher als ihre Vorgänger wird und auch länger blüht. Überhaupt sind fast alle *Nepeta* sonnenliebende Langblüher, die für fast jeden Boden, außer nassem, geeignet sind. Hierfür taugt nur die Art *Nepeta kubanica.* Die Katzenminze ist ein langblühender Begleiter für viele Stauden, in Rosen- wie in Staudenbeeten. Die *N.-×-faassenii*-Sorten wie 'Six Hills Giant' und 'Walkers Low', beide blauviolett, pflanzen wir gern am Rand einer Staudenrabatte. In Verbindung mit Frauenmantel *(Alchemilla mollis),* der sich graziös und liebevoll über den angrenzenden Weg legt, geben sie den Beeten eine bezaubernde Romantik. Die eher neuen Sorten dieser Gattung wie *N. grandiflora* 'Blue Danube' und *N. manschuriensis* 'Manschu Blue' sind durch ihre extreme Höhe von bis zu 1 m besser für die Mitte des Beets geeignet. Warnen sollte man vor der *N.* 'Souvenir d'André Chaudron', deren Name zum Kauf verführt (eine sehr französische Art der Verführung), aber die Eigenschaft hat, das Beet nie wieder zu verlassen und es über die Jahre völlig für sich einzunehmen. Diese frühblühende *N. × faassenii*' wird nur 40 cm hoch und ist kein guter Nachblüher.

.... *Fast alle Katzenminzen blühen von Mai bis Juli/August. Man sollte sie rechtzeitig stark zurückschneiden, und ich meine wirklich stark, also so, dass eigentlich keine Pflanze mehr da ist. Dann wächst sie innerhalb von zwei bis drei Wochen wieder voll durch und blüht noch ein zweites Mal.* ....

Ende Juni, vor den Sommerferien, ist der beste Zeitpunkt, dann ist das Schlimmste vorbei, wenn man wieder nach Hause kommt. Sollten Sie sich all die Namen nicht merken können, kopieren Sie sich doch diese Seite und nehmen Sie sie mit in Ihr nächstes Gartencenter – und terrorisieren dort die Gärtner mit Ihrem Wissen.

Der Zauber der Kletterer

▸······························ WIESO WERDE ICH EIGENTLICH IMMER WIEDER
DARUM GEBETEN, Sichtschutzvorschläge für die Terrasse, den Balkon
oder gar den ganzen Garten in Form von Immergrünen, bevorzugt
Koniferen, zu geben? Mal ganz davon abgesehen, dass ich mir kaum
etwas Traurigeres als eine in den Topf gequälte Thuja auf einem
Balkon vorstellen kann, könnte der Herr von gegenüber mir auch
noch in die Wohnung schauen, wenn ich meinen ganzen Balkon mit
diesen missmutigen Gesellen vollstellen würde.
Seien wir doch mal ehrlich, viele von Ihnen bevorzugen noch immer
eine einfache, pflegeleichte und günstige Lösung für die neugieri-
gen Augen der Nachbarn. Aber Immergrün ist in Wirklichkeit doch
nur dort wichtig, wo der Nachbar auch im Winter Einblick hat, denn
im Sommer können wir viel erfüllender einjährige Pflanzen setzen.
Wählen Sie also bitte die Sichtschutzpflanzen für Ihren Garten oder
Balkon nicht im Winter, sondern beobachten sie erst einmal, wie geschützt Sie im Sommer im Garten und auf Ihren Lieblingsplätzchen
sind.
Mir fällt sehr häufig bei Gartenbesuchen auf, dass es eigentlich nicht
darum geht, sich zum Nachbarn hin völlig zu verbarrikadieren,
sondern eine leichte Barriere zwischen Terrassen oder Balkonen
zu haben, die nicht höher als 1,80 bis 2 m sein muss. Und was wäre
schöner, wenn diese, ich nenne sie mal Verschleierung des Nachbarn,
auch noch den ganzen Sommer lang blüht. Für die meisten meiner Vorschläge bräuchte man eine einfache Rankhilfe in Form von
einem Spalier. Mittlerweile gibt es auch sehr schöne hölzerne oder
geschmiedete Tröge, die bereits eine Rankhilfe integriert haben. Aber
eigentlich bekommen Sie schöne Rankgitter in fast jedem Gartencenter. Wichtig ist, dass Sie sich Ihre Rankgitter vor dem Bepflanzen
schön anmalen, also in einer Farbe, die die Pflanzen komplementiert.
Hierzu zähle ich besonders die graublauen Farben oder die grauen

Grüntöne, nicht aber die echten Grüntöne, da sie mit den Pflanzen konkurrieren. Ich würde mir für den Sommer an mein Rankgitter gern jedes Jahr etwas Neues pflanzen.

.... *Wicken sind nicht nur in Gärtnereien bezaubernd anzu-sehen, sondern auch in Ihrem Garten. Sie wachsen ohne weiteres 1,80 m hoch und wenn sie regelmäßig gedüngt, gewässert und die verblühten Blüten entfernt werden, dann blühen Duftwicken bis in den späten Sommer. ....*

Für dichteren Schutz könnte Sie zum Beispiel dieses Blühdisplay mit anderen Rankpflanzen mischen. *Thunbergia alata*, die Schwarzäugige Susanne, wäre ein schöner Partner für die Wicken. Sie gibt es mittler-weile nicht nur in Gelb und Orange, sondern auch in Cremefarben und dies gilt auch für *Mina lobata*, auch Sternwinde genannt. Wer etwas höher hinaus will und dafür auch genügend Kletterhilfe hat, der sollte sich mal im Windenpflanzen versuchen. *Ipomea* 'Heavenly Blue' oder ähnliche Sorten klettern ohne weiteres 3-4 m hoch und blühen bis in den Spätsommer. Um die Blütezeit des Windengewirrs zu verlängern, ist die Glockenrebe *(Cobaea scandens)* als Zwischen-pflanzung ideal, da sie später blüht – aber auch erst später loslegt. Und zu guter Letzt die günstigste Verschleierung von Balkon und Terrasse: die schlingende Feuer- oder Stangenbohne. Sie gehört zu den dichtesten Kletterpflanzen, wenn Sie immer kräftig die Bohnen ernten, und auch zu den zuverlässigsten blühenden Rankern mit roten, orangefarbenen oder lila Blüten.

Sehr geehrte Frau Pape,
seit Jahren warte ich auf die ersten Blüten meiner weißen *Wisteria*. Sie klettert an einer Nordwand hoch und ist sonst gesund. Eine blaue, die etwas länger am selben Platz wächst, blüht schon länger schön. Gibt es etwas, was ich tun kann, um sie zum Blühen zu bewegen?
Mit freundlichem Gruß, W. L.

Sehr geehrte Frau L.,
ja, das ist eine ganz beliebte Frage zu Wisterien oder Glyzinen, die zauberhaft sind, wenn sie blühen, einen dennoch missmutig stimmen, wenn sie jahrelang nur wuchern, aber keine Blüte zeigen. Zum Missmut der Gartencenter empfehle ich grundsätzlich, nur Pflanzen zu kaufen, an denen bereits eine Blüte zu sehen ist. Dies schützt erstens vor Enttäuschungen, dass man Ihnen - natürlich „aus Versehen" - eine falsche Sorte verkauft hat, und es beweist, dass die Pflanze blühen kann. Oft höre ich die Auskunft, dass Wisterien erst nach vielen, vielen Jahren blühen. Das ist dummes Zeug, es kann zwar vier bis fünf Jahre dauern, bis sie üppigst blühen, aber blühen können sie früher. Trotzdem gibt es Wisterien, die nie blühen werden. Deshalb sollten Sie immer veredelte Glyzinen kaufen, nie Sämlingspflanzen. Aber es heißt noch lange nicht, dass Sie deshalb verzagen müssen. Es kann nämlich auch sein, dass es Ihrer weißen Wisterie im Schatten nicht gefällt, denn die weißen Sorten sind wesentlich empfindlicher als die blauen und bevorzugen einen sonnigeren Standort. Versuchen Sie es einmal damit: von Juli bis September gut wässern, da sie dann ihre Blütenknospen für das nächste Jahr ausbilden. Außerdem kann ein starker Rückschnitt der Triebe auf zwei bis drei Knospen im Winter helfen.

Hallo Frau Pape,
ich habe seit vielen Jahren eine wunderschöne tiefblau blühende
Glyzine, seit einigen Jahren werden immer mehr Blüten weiß statt
blau. Ich frage Sie, woran könnte es liegen?
Mit freundlichem Gruß H.-G. S.

Verehrter Herr S.,
dieses Phänomen hat in diesem Frühjahr und auch letztes Jahr nicht
nur die Glyzinen betroffen hat. Es handelt sich aller Wahrscheinlichkeit nach um eine Reaktion auf das Wetter. Diese tritt auch bei
rosafarbenen Rhododendren und vor allem Kirschen häufig auf.
Die sonst zuverlässig rosa blühenden Pflanzen bilden nach einem
schweren Winter, gefolgt von einem kalten, aber trockenen Frühjahr,
weiße Blüten. Ich habe solche Mutationen hier an der Gartenakademie selbst noch nicht gesehen, hatte aber sehr viele Kunden, die diese
Umwandlung zu Weiß beklagten. Auch das Grünflächen- und Pflanzenschutzamt hat diese Theorie bestätigt. Dies soll aber nicht heißen,
dass Ihre Glyzine für immer weiß bleibt, sie hat durchaus alle Chan-
cen, im nächsten Jahr wieder blau zu blühen. Sehen Sie es einfach
als eine Art Eigensinnigkeit der Natur an und freuen sich, dass die
Glyzine überhaupt geblüht hat - meine hat dies nämlich dieses Jahr
nicht getan.

Sehr geehrte Frau Pape,
wir habe ein älteres Haus, welches im unteren Bereich einen Sockel
aus Sandstein hat; ebenso sind auch weitere Teile der Fassade aus
Sandstein. Immer wieder klettert Efeu am Haus hoch. Einerseits gefällt uns das, andererseits macht sich das Wurzelwerk des Efeus auch
in den Sandsteinfugen breit. Schadet dies dem Sandstein, bzw. dem
Haus? Welche alternative Bepflanzung ohne Kletterhilfe würde dem
Haus nicht schaden? Wir dachten schon mal an Wilden Wein?
Danke vorab für Ihre Antwort und freundliche Grüße, Familie B.

Liebe Familie B.,
der Sandsteinverkleidung schadet es nicht, wenn sich an ihr Efeu
hochrankt, wichtig ist nur, dass Sie aufpassen, dass er mit seinen
Wurzeln nicht in die Fugen eindringt und diese dann irgendwann
auseinander brechen. Bei der Fassade ist das nicht so leicht zu sagen,
wenn Sie eine gestrichene, glatte Fassade haben, dann ist Efeu dort
auch kein Problem, bei offenem Rauputz oder grobem Putz kann es
da zu Schäden kommen, wenn der Efeu entfernt werden soll. Wilder
Wein, der von selber klettert, hat an den Ranken kleine Haftschalen,
die sich nicht ganz so tief im Putz verankern, und ist somit auf jeden
Fall eine weniger invasive Methode, das Haus zu begrünen, aber er ist
nur sommergrün. Ganz wichtig ist zu wissen, dass an einer guten, ge-
sunden Fassade wenig Schaden entstehen kann. Schaden entsteht fast
immer erst, wenn die Fassade in sich schon etwas älter, poröser oder
mit Rissen durchzogen ist, dann versuchen natürlich die Kletterer,
sich einen festeren Halt zu suchen, und das ist dann meistens unter
dem Putz oder in dem Riss.
Problematisch wird es, wenn der Efeu oder der Wilde Wein unter die
Dachschindeln gelangt. Dann muss man dringlichst versuchen, die
Kletterpflanze fernzuhalten. Durchaus nicht zu unterschätzen ist die
Tatsache, dass man mithilfe dieser Pflanzen eine uralte Fassade auch
erhalten kann, man darf sie dann nur nicht mehr abnehmen.

In England gibt es eine ganze Reihe sehr charmanter Häuser, von denen ich sicher bin, dass sie das 21. Jahrhundert nur durch ihren Bewuchs überhaupt erreicht haben.

Sehr geehrte Frau Pape,
ich habe eine zwei Jahre alte Kletterhortensie, die ich gern an einen anderen Standort versetzen möchte. Wann ist dafür die beste Jahreszeit und was muss ich dabei besonders beachten?
Mit freundlichen Grüßen, S. S.

Sehr geehrter Herr S.,
ein mir sehr sympathischer Obergärtner eines recht berühmten Gartens in England hat seine Karriere als Maurer begonnen und seinen ursprünglichen ersten Job als Gärtner nur bekommen, weil er den unüblichen Pflanz- und Verpflanzungswünschen seines Herrn zu jeder Jahreszeit mit großem Erfolg nachkam. Offensichtlich hat er einen sehr grünen Daumen. Wenn Sie auch einen so grünen Daumen haben, können Sie fast alles zu jeder Jahreszeit verpflanzen, müssen es dann nur auch dementsprechend wässern. Sollte Ihnen dies suspekt sein, empfehle ich Ihnen, Ihre Kletterhortensie zeitig im nächsten Frühjahr umzupflanzen, wenn der Frost aus der Erde ist und die Pflanze noch keine Blätter hat. Nur während der Blütezeit ist vom Umpflanzen tatsächlich immer abzuraten.

Unkraut vergeht nicht ...

▶ .... UND DAS IST AUCH GUT SO, DENN UNKRÄUTER
SOLLTEN EIGENTLICH ALS WILDKRÄUTER BEZEICHNET WERDEN.
Viele von ihnen gehören sogar zu den Heilkräutern. Außerdem
möchte ich Ihnen noch einen anderen Aspekt aufzeigen, der für die
Gärtner von nicht geringer Wichtigkeit ist. Vielleicht ist Ihnen schon
aufgefallen, dass nicht überall das gleiche Unkraut wächst. Die Ursache hierfür liegt nicht in der mehr oder weniger liebevollen Pflege
des Gartenbesitzers, sondern es liegt vor allem auch an der Beschaffenheit des Bodens. Deshalb bezeichnen Gärtner diese sogenannten
Unkräuter auch als Zeigerpflanzen. Je nachdem, welche Vorausset-
zungen im Boden vorgefunden werden, gehen von den Tausenden im Boden schlummernden Samen diejenigen auf, die mit diesen Bedingungen am besten zurechtkommen. Wenn also in Ihrem Garten plötzlich
Unkräuter auftauchen, die vorher noch nicht da waren, kann das ein
Warnsignal dafür sein, dass sich an den Bodenverhältnissen grundsätzlich etwas verändert hat. So kann zum Beispiel Bodenverdichtung
herrschen, Staunässe auftreten oder der Boden versauern, all dies
können uns diese ungeliebten Pflänzchen durch ihre Existenz zeigen.
Ich habe mich früher gefragt, warum Bauern im ersten Jahr ihren
Acker oft brachliegen ließen, also nicht bewirtschafteten? Sie wollten
anhand der aufgehenden Kräuter mehr über die Qualität des Bodens
herausfinden. Danach entschieden sie, was am besten angebaut werden kann. Gleichzeitig diente der erste Bewuchs als Gründüngung,
was wiederum zu guter Humusbildung beiträgt.
Die Beobachtung des Unkrautbewuchses erspart uns teure Bodenana-
lysen. Die Engländer haben auch ein sehr schönes und bezeichnen-
des Sprichwort, das besagt: *One years seeding means seven years weeding*,
was soviel heißt, dass die Wildsaat eines Jahres Unkrautjäten für
sieben Jahre beschert. Nun werden Sie denken, dass ist ja alles schön
und gut, nur welche Pflanze sagt mir was?

Häufig hören wir die Frage: Wie werde ich den Schachtelhalm *(Equisetum arvense)* los? Er zeigt uns deutlich, dass der Boden verdichtet ist und es daher zu Staunässe kommt.

Das Hirtentäschelkraut *(Capsella bursa-pastoris)* zeigt stickstoffreichen, aber nährstoffarmen Boden an. Kratzdisteln siedeln sich gern auf stickstoffreichen Feuchtwiesen an. Die allseitig wenig beliebte Vogelmiere *(Stellaria media)* zeigt uns, dass der Boden gut ist, nämlich stickstoff- und humusreich.

Die leider so ungern gesehene Brennnessel *(Urtica dioica)* lässt auf einen besonders guten Gartenboden schließen, der Boden ist reich an Stickstoff, Kalk und Humus, deshalb findet man sie ganz besonders häufig in der Kompostecke. Sie sollten daher eher glücklich sein, wenn Sie Brennnesseln im Garten finden, zumal diese ja recht einfach zu entfernen sind, wenn man von dem unangenehmen Prickeln mal absieht. Aber dafür gibt es ja Handschuhe. Die Brennnessel wurde übrigens von den Römern zu uns gebracht, sie haben nämlich damit ihre Arthritis behandelt, die sie wohl regelmäßig in unseren kalten Breitengraden bekamen.

Die ungeliebte Ackerwinde *(Convolvulus)* die sich ab und zu aus dem Boden in unsere schönsten Sträucher und Stauden verwickelt, ist auch ein Zeichen für bis in größere Tiefen verdichteten Boden. Da hilft nur Bodenverbesserung durch Lockern und das jährliche Einbringen von Komposterde. Überhaupt verschwinden viele Unkräuter, außer der Brennnessel, bei guter Bodenpflege von allein, was nicht heißen soll, dass es diese Unkräuter bei uns nicht gibt, nur für uns sind sie dann immer ein Zeichen dafür, dass wir etwas vernachlässigt haben. Spritzen, wie man es früher gemacht hat, hilft gar nicht, jäten schon.

............................*Wenn bei Ihnen gar kein Unkraut wächst, dann ist der Boden tot und ich würde einen Umzug empfehlen.* ....
....◄

Sehr geehrte Frau Pape,
unser Rasen ist sehr stark verunkrautetet. Daher unsere Frage: Wie gehen wir bei einer Neuanlage am besten vor? Reicht es aus und werden alle Unkräuter vernichtet, wenn ich den Rasen normal umgrabe, und wann ist dafür der beste Zeitpunkt?
Mit freundlichen Grüßen, H.-G. M.

Sehr geehrter Herr M.,
ach, das liebe Leid mit dem Rasen ... ich bin der Auffassung, dass Rasen das aufwendigste und teuerste Grün des Gartens ist. Bei einem völlig verunkrauteten Rasen ist eine Neuanlage meist das Sinnvollste, obwohl es leichter gewesen wäre, regelmäßig den Rasen gut von Unkräutern zu befreien und ihn gut und vor allem richtig zu düngen. Eine Neuanlage ist aufwendig und der neue Rasen auch auf lange Sicht pflegeintensiv, denn das Gleiche wird wieder passieren, wenn man sich nicht kümmert. Das Umgraben ist nur eine Lüftungsmaßnahme, nicht aber eine Unkrautvertilgungsmaßnahme. Zwar gräbt man die alten Unkräuter unter, deckt dafür aber im Boden ruhende Samen wieder auf, die sich über ihre neue Position am Licht und in feuchtem Boden neuer Lebenslichter erfreuen, um dann zusammen mit dem neu angesäten Rasen gleich wieder zu konkurrieren. Wenn umgegraben wird, was generell eine gute Idee ist, dann sollte vor der Ansaat eine etwa 5 cm starke Schicht steriler, sandiger Boden aufgebracht werden, damit die Unkrautsamen aus alter Zeit kein Licht zum Keimen bekommen. Damit könnte man ein wenig Zeit gewinnen. Der beste Zeitpunkt für eine neue Aussaat ist Anfang April, am besten mit einer belastbaren Sport- und Spielrasenmischung. Viele sogenannte Zierrasenmischungen sind in meinen Augen unbefriedigend, ich finde sie förmlich zum Scheitern verurteilt. Ganz wichtig, vor allem an heißen Tagen: wässern, wässern, wässern, aber nicht so, dass sich Pfützen bilden. Mein letzter Tipp ist: Bleiben sie „on top of the weeds" - mit andern Worten, behalten sie die Oberhand, was die

Unkräuter angeht, sonst wird Ihr Rasen in Kürze wieder von ihnen
beherrscht. Eine ganz andere Alternativ: Pflanzen Sie lieber Stauden,
die blühen wenigstens. Allerdings gebe ich zu, lässt sich ganz schlecht
im Staudenbeet Fußball spielen.

Hallo Frau Pape,
wir haben auf zwei Gräbern *Cotoneaster* gepflanzt. Noch sind sie nicht
so dicht, dass sich kein Gras mehr dazwischen breitmacht. Es ist sehr
mühsam, das Gras oder Unkraut mit Wurzeln zwischen den Pflanzen
herauszureißen. Gibt es ein Mittel (evtl. sogar ein „Naturmittel", das
nur das Gras vernichtet und nicht den Bodendecker?
Über eine Antwort freue ich mich, M. S.

Liebe Frau S.,
da fällt mir nur der nette Satz ein, der immer bei Marianne Foerster
aus Potsdam-Bornim im Fenster hing: „Wenn der Gärtner schläft,
pflanzt der Teufel Unkraut." Ansonsten kann man leider sagen: Ich
bin kein Freund des *Cotoneaster*, ist er doch so düster und sieht auch
an schönen Tagen eigentlich traurig und unglücklich aus – alles, was
ich eigentlich nicht auf einem Grab haben möchte. Wie dem auch
sei, die Antwort ist, mit Sicherheit den *Cotoneaster* dichter zu pflanzen. Sie haben Recht, der Friedhofsgärtner hat zum Jäten keine Zeit.
Ansonsten bin ich der Meinung, dass *Cotoneaster* kein richtig guter
Bodendecker ist, da er den nackten Boden nicht dicht genug abdeckt,
sodass zu viel Licht an den Boden und somit an die aufgehende Gras-
saat kommt. Eine bessere Lösung für einen Bodendecker wäre zum
Beispiel Immergrün *(Vinca)*, das es mit weißen oder blauen Blüten
gibt. Mein Favorit wäre die Elfenblume *(Epimedium)*. Sie macht ein
dichtes Wurzelnetzwerk (exzellent gegen Giersch und andere invasive Kräuter), blüht schön und bedeckt den Boden völlig. Vor allem ist
die Elfenblume sowohl im Schatten als auch in der Sonne glücklich.
Und ist das nicht ein schöner Blumenname für ein Grab …

Der Garten der Düfte

▸······················· „ICH WÜNSCH' MIR SO SEHR EINEN GARTEN
VOLLER DÜFTE", hören wir oft von unseren Kunden. Als Erstes fallen
jedem natürlich Rosen und Lavendel dazu ein. Es gibt viele Pflanzen,
die unsere Sinne mit Düften verzaubern. So verbindet man zum Beispiel den Anblick und den Duft von Erdbeeren unzertrennlich mit
dem Sommer. Nach der Urlaubszeit sind die bevorzugten Düfte die
Parfums des Südens: Lavendel, Rosmarin und Thymian. Auf der Terrasse hofft man auf diese Weise, den Urlaub ein wenig zu verlängern.
Fallendes Laub und ein leicht modriger Geruch der Erde bedeuten
für uns Herbst, manche sagen sogar, sie riechen den Winter. Lassen
Sie sich für Ihren Duftgarten von fachkundigen Gärtnern beraten. Zu
allererst sollten Sie Ihre bevorzugten Düfte herausfinden. Hierfür ist
wichtig zu wissen, dass es nicht nur blumige Düfte wie bei den Rosen
gibt, sondern auch orientalische (Bauernjasmin), fruchtige (Zitronen-
pelargonie) oder aromatische (Hyazinthe) sowie würzige Duftnoten
(Katzenminze) oder Honigdüfte wie beim Mädesüß. Sie merken, ganz
so einfach ist es mit dem Duft nicht.
Schaffen Sie sich einen Duftpfad: Beginnen Sie schon vor dem Haus
mit einem kleinen Weg aus Spalierlinden (frei wachsend würden sie
zu groß). Lassen Sie sich im Garten über einen Duftweg zu Ihrem
Lieblingsplatz führen, den Sie allerdings nie alleine gehen werden,
denn eine herrliche Schar von Bienen, Hummeln und Schmetter-
lingen wird Sie begleiten. Damit Sie fast das ganze Jahr hindurch
im Duft wandeln können, pflanzen Sie einen winterblühenden
Duftschneeball und unbedingt eine *Hamamelis* – sie weckt die erste
Sehnsucht nach dem Frühling. Dazu kommen die unentbehrlichen
Blumenzwiebeln wie Hyazinthen, Märzenbecher und Dichternarzis-
sen. Im April öffnen Primeln, Veilchen und Lerchensporn ihre Blüten
und verwöhnen uns mit ihrem Duft. Pfingsten ohne Pfingstrosen
kann sich kaum einer vorstellen. Endlich sind dann im Juni die ers-

ten Rosen bereit, ihre Düfte zu verströmen. Und danach erfreuen uns die Parfums von Lavendel, Phlox, Duft- und Indianernesseln.

Auch viele Ein- und Zweijährige betören unsere Geruchsorgane, dazu gehören Duftwicken *(Lathyrus odoratus)*, Levkojen *(Matthiola)* und Nelken *(Dianthus)*. Vergessen dürfen wir auf keinen Fall die oft unterschätzten, uns jedoch bis spät in den Herbst Erfreuenden. Besonders hervorzuheben sind der stattliche Ziertabak *(Nicotiana mutabilis)* oder die Ringelblumen *(Calendula)* mit ihrem würzigen Aroma sowie die Mondviolen *(Hesperis matromalis)*. Löwenmäulchen *(Antirrhinum)* und duftende Bartnelken *(Dianthus barbatus)* sollten in keinem Duftgarten fehlen. Interessant ist auch ein mit Thymian und Römischer Kamille bepflanzter Duftweg, beim Entlangflanieren umspielt Sie dann ein angenehmer Duft.

............................*Und wie ist das mit meinem Balkon? Auch dafür haben wir etwas für Sie. Das Zauberwort heißt Duftpelargonien.* ....

Sie glauben gar nicht, in welcher Vielfalt es sie gibt. Wussten Sie, dass es Pelargonien gibt, die nach Apfel, Zimt, Orange, Zitrone, Pfirsich, Pfefferminze und sogar Menthol riechen können? Es gibt auch Pelargonien, die nach Rosen duften *(Pelargonium* 'True Rose'). Ungewöhnlich ist auch die Kiefernduftpelargonie *(Pelargonium radans)* oder die Ananaspelargonie *(Pelargonium fragans* 'Lilian Pottinger'). Duftpelargonien sind auf dem Balkon eigentlich unentbehrlich, denn ihr überaus angenehmer Duft vertreibt lästige Mücken und Fliegen.

· · · · · · · · · · · · · · · · · · · ·

Jetzt ist auch die beste Zeit,

die Hortensie 'Annabelle'

zum Trocknen abzuschneiden,

denn jetzt hat sie absolut ihren

schönsten Farbton, dieses sanfte

Grün-Crème erreicht.

· · · · · · · · · · · · · · · · · · · ·

Herbstzeit – Asternzeit

▶............................ EIN BISSCHEN WEH IST ES EINEM SCHON UMS
HERZ, wenn das Wetter genau zum Ende der Ferien abrupt um-
schlägt; die Schule fängt wieder an und der Alltag bekommt eine
besondere Schwere. Und ganz besonders traurig sieht es in vielen
Gärten aus. Es gibt sie wirklich, die Gärten ohne Blüte im Hochsommer, der von Siebenschläfer bis Erntekirmes, also Ende Juni bis Ende
August dauert, wie sie Karl Foerster nannte. Dabei könnten uns gerade jetzt so viele schöne Farbtupfer im Garten helfen, wieder in einen
fröhlichen Tagesrhythmus zu kommen. Als ganz besonders schön
empfinde ich die sanften, verträumten Farben der Astern und ihrer
Verwandten, die gerade mit ihren dunklen Lavendeltönen, Purpur,
Rosa und silbrigem Weiß beginnen, den Sommer zu verabschieden
und den Herbst einzuläuten. Sie haben etwas sympathisch Altmodi-
sches, Nostalgisches an sich und verbreiten eine Fröhlichkeit, die den
nahenden Herbst für mich erst erträglich macht.
Nun möchte ich aber nicht nur von den Klassikern unter den Astern
schreiben, die sowieso schon recht gut im Umlauf sind, sondern von
jenen, die hier neu eingeführt wurden oder besonders gut auf unseren Böden wachsen. Eine meiner Lieblingspflanzen, die ich bereits
in England viel verwendet habe, weil sie auch gut im Halbschatten
wächst, ist die Waldaster (*Aster divaricatus*), eine Dauerblüherin, die
mit Tausenden kleinen weißen Blüten einen leuchtenden Punkt an
dunkle Orte im Garten bringt. Eine weitere winzigblütige Dauerblüherin ist *A. laterifolius* var. *horizontalis* 'Lady in Black'. Ihre fast schwarzen Blütenstängel schweben förmlich horizontal in etwa 1 m Höhe
über dem Beet, übersäht mit Tausenden von kleinen rosa-weißen
Blüten, die bis Ende Oktober halten.
Die wohl beliebteste Aster in unserer Staudenrabatte ist die 60–70 cm
hohe, hell-violette *Aster × frikartii* 'Mönch'. Sie strahlt und leuchtet
bereits ab Mitte August im Garten und blüht wie fast alle der hier

beschriebenen Sorten bis in den späten Oktober. Zwei mit 1,70–2 m besonders hohe und sehr beliebte Astern sind *A. laevis* 'Arcturus', eine mehltauresistentere Sorte mit dunkelroten, fast schwarzen Blattstielen und leuchtend lila-mauven Blüten. Die zweite im Bunde ist die große Scheinaster oder Vernonie *(Vernonia crinita)*. Auch sie trägt an tiefdunklen Blütenstängeln grüne Blätter und purpurviolette Blüten.

.... Es ist empfehlenswert, hohe Astern in den Mittel- oder Hintergrund der Rabatte zu pflanzen, weil sie erst sehr spät mit ihrem Wachstum beginnen und große Lücken im Vordergrund des Beets lassen würden. ....

Wenn Sie Violett, Blau oder Lila nicht mögen, dann empfehle ich die Schönaster *(Kalimeris incisa* 'Madiva'), eine sanft rosa-weiße, berauschende Staude, die bereits Mitte August voll und klar in einer Höhe von 80 cm blüht. Wem das alles zu hoch im Obergeschoss stattfindet, dem könnte vielleicht die niedrigen Kissenastern wie die weiße *A. dumosus* 'Kristina' oder die violettblaue *A. dumosus* 'Prof. Anton Kippenberg' besser gefallen. Wer, was Farben angeht, mutig ist, der sollte sich unbedingt die als rotblütig beschriebene Raublattaster *A. novae-angliae* 'Andenken an Alma Pötschke' zulegen.

Der Garten nach den Ferien

▶............................ ENDE AUGUST RIECHT MAN DEN HERBST BE-
REITS, in der Stadt duftet der Morgen nicht mehr frisch und som-
merlich und man hört schon die typischen Laute der durch die Luft
segelnden Mauersegler, die sich auf den Weg nach Süden machen.
Der Sommer geht zu Ende, und wenn ich so in einige Gärten schaue,
dann ist auch dort das Ende nicht mehr weit; dabei könnte man gerade jetzt dort den Sommer unbedingt noch verlängern.
Diejenigen von Ihnen, die vor den Ferien Frauenmantel, Katzenminze und den Lavendel zurückgeschnitten haben, sollten nun von
einem völlig neuen schönen Flor begrüßt worden sein. Wer das ver-
passt hat, sollte dafür Sorge tragen, dass überall doch noch etwas im
Garten blüht, denn wie Karl Foerster bereits gesagt hat, kann auch ein
Garten in Deutschland durchblühen. Und damit hat er nicht gemeint,
dass im August auch der Garten ein Sommerloch hat. Viele Stauden-
rabatten machen es Ihnen vor, in denen blüht es unablässig und von
Sommerloch ist keine Spur, und das liegt nicht nur daran, dass die
Besitzer nicht in den Urlaub gefahren sind. Trotzdem ist der ausklin-
gende August, das gebe ich zu, eine recht schwierige Übergangszeit
zwischen Sommer und Herbst.
Bei Karl Foerster war dies eine der sieben Jahreszeiten, in welche er
das Gartenjahr aufteilte, der Spätsommer. Für diese Zeit gibt es eine
Reihe von Stauden, die sehr elegant einen Übergang vom Sommer bis
in den Winter schaffen.
Eine von ihnen ist ohne Frage die in den letzten Jahren extrem
beliebt gewordene *Verbena bonariensis*, das Patagonische Eisenkraut.
Bei uns ist es nicht immer ganz winterhart, sät sich aber sehr zuverlässig im Herbst aus und blüht von Juli bis September. Die Prachtkerze *(Gaura lindheimeri)* ist ebenfalls eine eher empfindliche Staude,
die aber so viele dankbare Blüten zu dieser Jahreszeit in den Garten
bringt, dass man nicht auf sie verzichten sollte - auch auf die Gefahr

hin, dass sie den nächsten starken Winter nicht überleben könnte. Nicht umsonst trägt sie ihren deutschen Namen.

Am allerschwersten scheint es aber für Schattengartenbesitzer zu sein, die offensichtlich ab Juli den Mut zum Gärtnern aufgegeben haben. Hier sind als Übergangspflanze zwischen Sommer und Herbst unbedingt die Herbstanemonen *(Anemone hupehensis)* zu empfehlen, deren Sortenvielfalt sich in den letzten Jahren unglaublich gemausert hat. Während meines Studiums gab es von ihr nur wenige Sorten, wie die sehr berühmte, aus der chinesischen Provinz Hupeh stammende Sorte *A. hupehensis* 'September Charm'. Die Japananemone *(A. × hybrida* 'Honorine Jobert') ist die älteste – und aus meiner Sicht auch die schönste – der rein weißen Sorten. Kaum eine andere Staude erfreut uns im Spätsommer mit einer so langen, reichen und prächtigen Blüte wie diese Anemone.

.... *Durch die vielen neuen Sorten der Herbstanemonen erstreckt sich Ihre Blütezeit von Mitte Juli bis Ende Oktober.* ....

Die meiste Japananemonen sind Hybriden, die aus Kreuzungen zwischen *Anemone hupehensis, A. tomentosa* und *A. vitifolia* stammen. Die Sorten 'Prinz Heinrich' und 'Pamina' leuchten sogar mit ihren dunkelrosaroten Blüten bis in den Frost hinein, auf einer Höhe zwischen 50 und 90 cm. Es ist sehr empfehlenswert, die Pflanzen im ersten Winter mit Laubmulch abzudecken.

Ein Appell an die Gartenbesucher

▸...................... MIT DER URLAUBSZEIT BEGINNT AUCH EINE
DRAMATISCHE SAISON FÜR VIELE GÄRTEN, denn es bricht die
schlimmste Gartenkrankheit aus. Es handelt sich hierbei um eine
weit verbreitete Krankheit öffentlicher und privater Schaugärten, vor
allem in England, von dort stammt auch ihr Name *Finger Blight*, zu
Deutsch *Fingerfäule*. Haben Sie noch nie davon gehört? Dann werde
ich das Geheimnis lüften. Es handelt sich um das unerlaubte, uner-
betene Mitnehmen von Samen, Samenständen oder gar Stecklingen
aus fremden Gärten. Ob Sie es glauben oder nicht, es ist für berühmte
oder viel besuchte Gärten ein sehr ernst zu nehmendes Problem. Vita
Sackville-Wests Garten Sissinghurst Castle hat in den Monaten April
bis Oktober etwa 250 000 Besucher, und fast jeder möchte sich ein
kleines Andenken stibitzen. Also wird hier eine Samenkapsel von *Iris
sibirica* entfernt und dort ein wenig Saat aus den Mohnkapseln ge-
schüttelt und ein jeder sagt sich, ach, das sieht ja keiner, ich nehme ja
nur ein ganz kleines Stückchen mit. Aber nun stellen Sie sich mal vor,
was von einem Garten übrigbleibt, wenn jeder der 250 000 Besucher
so denkt? Ein weiteres Problem ist, dass diese so begehrten Samen
nicht alle am Wegesrand stehen, sondern die begehrtesten Kandidaten sich mitten im Beet befinden. Also wird gewartet, bis niemand
schaut, dann mal schnell durchs Beet gestapft und in Hast und Eile
das Teil der Begierde abgerissen. Dabei werden nicht nur viele Pflanzen zertreten, auch die Pflanze, deren Samenerbeutung der Ausflug
diente, wird dabei fast entwurzelt. Nicht nur ist das Diebstahl, besonders ärgerlich ist, dass es kein befriedigendes Ende für die Pflanze
nimmt. Wie oft sehe ich vertrocknete, vergessene Trophäen auf den
Ablagen unter der Windschutzscheibe schmoren, die es nie in den
eigenen Garten schaffen werden. Während meiner Ausbildungszeit
am Botanischen Garten Kew in London wurden wir Studenten dazu
angehalten, solche *Fingerfäuler* zu erkennen, aufzuhalten und zu

entlarven. Sie zu entlarven war nach einiger Zeit recht einfach, es handelte sich fast immer um besonders nett aussehende ältere Damen, die adrett gekleidet und vor allem – auch an sehr sonnigen Tagen – immer mit Schirm durch den Garten wandelten. Die Damen zu erkennen war ein Leichtes, aber sie dann darauf anzusprechen weniger. Der entscheidende Satz war: Madam, würde es Ihnen etwas ausmachen, den Regenschirm zu öffnen? Woraufhin dann ein Dutzend Stecklinge, Samenkapseln etc. auf den Boden prasselten … Als Antwort bekommt man jedes Mal zu hören, das seien alles Sachen, die sie vom Boden aufgehoben hätten und sie hätten nicht gewusst, dass das verboten sei … Das ist nun schon einige Jahre her, aber heute noch so aktuell wie damals. Auch wir an der Gartenakademie haben dieses Problem. Es gibt seltene Pflanzen, wie zum Beispiel das Trichterschwertel *(Diarema pulcherrina)*, das bereits lange vor der Reife alle Samenstände der Fingerfäule zum Opfer gefallen ist. Helfen Sie uns, sprechen Sie die Menschen an, die so einen Unfug machen. Und vor allem, fragen Sie den Gärtner, ob er Ihnen etwas Saat oder einen Steckling gibt. Nur selten wird er Ihre Bitte ohne Begründung abschlagen.

.... *Wenn Sie auf Reisen sind und Stecklinge geschenkt bekommen, nehmen Sie eine Kartoffel mit, bohren Sie ein kleines Loch und stecken Sie die Stecklinge hinein, sie bleiben dort lange feucht und wurzeln vielleicht schon, wenn Sie nach Hause kommen. Aber tun Sie mir den Gefallen, fragen Sie vorher!* ....

Gräser – Akteure des Herbstes

▸............................. DIE GANZEN SOMMERMONATE HABEN FARBEN
UND DÜFTE BEETE UND BALKONE DOMINIERT. Nun beginnt sich
ein neuer Hauptakteur zu zeigen, der die ganzen nächsten Monate
bis in den Winter das Gartenbild verändern sollte: die Gräser. Sie
bringen das Element der Bewegung in den Garten, das für die kommenden Monate so unausweichlich wichtig ist und bis in den späten
Herbst und Winter bleibt. Karl Foerster war ein großer Anhänger und
vor allem auch Züchter von Gräsern. Mit dem Satz: Ein Garten ohne
Gräser sei grässlich, den er bereits Anfang des 20. Jahrhunderts von
sich gab, war er doch tatsächlich sogar den Engländern bereits um
mindestens 50 Jahre voraus. Die haben nämlich sogar bis vor Kurzem,
also bis vor 15 Jahren, Gräser im Garten völlig verpönt. Aber das kann
man natürlich auch, wenn man in einem Land lebt, in dem Palmen
und Oleander im Garten überwintern können.
Gräser waren und sind noch immer eines der wichtigsten Spätsom-
merelemente im Garten und auch auf dem Balkon.

*..........................Die ganzen letzten Monate hat man Gräser zwischen
all den Blüten und dem Duft und durch ihren noch niedrigen Wuchs nicht
wahrgenommen, doch nun erheben sie sich wie Phoenix aus der Asche über
den Rest der Pflanzen hinweg und nehmen ihren eigenen Platz ein. Im Beet
sind sie für mich das wichtigste Verbindungsglied, welches Sommer und
Herbst verbindet. ....*

Da sind vorerst einmal die frühen Gräser, die sich bereits im frühen
Sommer zeigen und auch blühen wie das Mädchenhaargras (*Stipa
tenuissima*), Gartensandrohr (*Calamagrostis × acutiflora* 'Karl Foerster')
und das Reiherfedergras (*Stipa barbata*), Letzteres gehört zu meinen
Favoriten, weil es so unglaublich bezaubernde Samenstände produziert. Diese Arten sind alle sowohl für ihr dekoratives Laubwerk als

auch ihre Blütenhalme bekannt. *Stipa tenuissima* wiegt sich durch seinen niedrigen, dicht stehenden, weichen, ja fast kuscheligen Wuchs ganz besonders schön in Wind und Wetter und eignet sich ausgezeichnet für den Balkon. Auch auf meinem Balkon habe ich ein paar von diesem „Haar der Erde", wie Karl Foerster die Gräser nannte, auf die Balustrade gestellt, damit ich morgens auch ohne rauszugehen weiß, wie das Wetter ist. Und dann sind da natürlich die großen Spaßvögel, wie das Riesenpfeifengras *(Molinia)* in Sorten, für das leider auf meinem kleinen Balkon kein Platz ist, da er kaum 3 m² misst. Aber in einem Beet darf diese Gattung auf gar keinen Fall fehlen. Ganz besonders empfehlenswerte Sorten des Rohrpfeifengrases *(Molinia arundinacea)* sind 'Transparent', 'Windspiel' und 'Skyracer' und natürlich, wie sollte es anders sein, die Sorte 'Karl Foerster'. Bei diesen Gräsern handelt es sich um dichte Grasbüschel, die etwa 60-80 cm hoch werden und über denen viele Hunderte von Blütenrispen in fast 2 m Höhe schweben. Ein bezauberndes Bild, das bis in den Spätsommer für Leichtigkeit, Heiterkeit und Bewegung im Beet sorgt. Wer eine etwas kleinere Sorte der Gattung braucht, sollte sich *Molinia caerulea* 'Moorhexe' zulegen. Sie hat den gleichen Habitus, ist aber nur etwa 1 m hoch. Das Lampenputzergras *(Pennisetum)* empfehle ich nicht gern, da die Halme einem so eklig die Handflächen zerschneiden, was es wiederum für öffentliche Anlagen sehr empfehlenswert macht.

Wir sollten den Abschied des Jahres feiern

▶.............................. „KLARE HERBSTTAGE WARTEN MIT LEUCHTEN-
DEN FARBEN und dem unglaublichen Charme von mit Tautropfen
versehenen Spinnennetzen, in denen die Besitzer auf Beute warten,
auf. Die Rosen setzen zum Endspurt an, die Gräser sind auf dem Weg
zu ihrer Jahreshöchstform und manch kleiner Vertreter der Stauden
zieht sich klammheimlich, still und leise in sich zurück, um dann
geduldig auf das nächste Frühjahr zu warten. Die Astern springen
förmlich in ihrer begonnenen Fröhlichkeit aus den Beeten."
Dies sind die geschriebenen Worte, mit denen mir unsere Chefgärt-
nerin Thea das Beet an der Gartenakademie während meiner Abwesenheit beschrieb. Vielleicht sehen auch Sie in dieser Zeit dasselbe
Bild in Ihrem Garten, und wenn nicht, dann ist es an der Zeit, etwas
daran zu ändern, denn der Herbst muss zelebriert werden. Er ist zusammen mit dem Frühjahr die dramatischste Jahreszeit.

*.............................Die Jahreszeiten der großen Veränderungen sollte man mit
so vielen Farben, Formen und Bewegungen feiern, wie es nur geht. ....*

Denn wenn der Winter lang wird, müssen wir wieder ein halbes Jahr
warten, bis sich die ersten grünen Spitzen der Schneeglöckchen zeigen, und das ist doch wirklich ein Grund mehr, sich ein wenig mehr
Mühe zu geben, um den Garten noch einmal aufflammen zu lassen.
Es gibt nicht nur den Tipp, dringend ein paar feinfiedrige Gräser wie
die *Molinia* 'Windspiel', 'Transparent' oder 'Karl Foerster' oder die
unglaubliche, nimmer endend fröhlich blühende Aster 'Mönch' zu
pflanzen, sondern es gilt vor allem, jetzt die Gartenschere wegzulegen
oder sie gar zu verbieten.

Nichts ist so schön, wie wenn sich das Licht der tiefen Morgen- oder Abendsonne in den Spinnenweben zwischen den Staudenstängeln bricht. Ich weiß, dass es besonders im Oktober nicht leicht fällt, bei unserem Sauberkeitsfimmel, alles aus den Beeten zu schneiden oder gar herauszuharken. Doch leider ist diese Harkerei überhaupt nicht empfehlenswert, und es gibt eigentlich auch gar keinen Grund, diese natürliche Schutzschicht der Erde zu entfernen. Auch das Herbstlaub, das auf die Beete fällt, dient Stauden, Rosen und Sträuchern als Schutz und sollte bis zum Frühjahr bleiben. Erst im Frühjahr, wenn die Erde wieder erwacht, sollte man die Reste, die sich dann doch als zu viel erweisen, aus den Beeten sammeln, eine Harke hat in einem Staudenbeet hingegen gar nichts zu suchen. Ich bin mir nicht ganz sicher, wann die Unsitte des Beeteharkens begann, auf jeden Fall gehört diese Tätigkeit für mich zu den unbefriedigenden Gärtnertätigkeiten, die nur mit dem Satz „Das machen wir immer so" erklärt werden kann. Dies ist für mich weder eine befriedigende noch fachlich nachvollziehbare Aussage. Überhaupt ist es ein wenig bedenklich, wenn ein Staudenbeetbesitzer zwischen seinen Stauden harken kann - für mich ist das entweder ein Zeichen dafür, dass die Stauden nicht dicht genug stehen, oder dass er bereits die meisten Stauden aus Versehen mit herausgeharkt hat. Also bitte, bitte: Lassen Sie Harke und Gartenschere einmal im Schuppen und lassen Sie sich vom Zauber des Herbstes und dann vom frühen Winter überraschen. Sie werden auch staunen, wie viele Insekten, verspätete Hummeln und Bienen sich noch zeigen und den letzten Nektar aus den fast verblühten Blüten saugen. In die stehengelassenen Samenkapseln und trockenen Stängel vieler Stauden wie der Nachtkerzen (*Oenothera*), des Brandkrauts (*Phlomis*) oder der Kubanischen Katzenminze (*Nepeta kubanica*) ziehen in den nächsten Wochen zahllose Kleinstlebewesen ein, die für den Garten wichtig sind und bis ins nächste Frühjahr überwintern.

Zeit für einen sanften Rückschnitt

▶.......................... IN DIESER ZEIT, IN DER SICH DER GARTENBESIT-ZER, besonders der sehr ordentliche, beherrschen und die Garten-schere nur ganz gezielt und liebevoll einsetzen sollte, ist trotzdem der eine oder andere Rückschnitt empfehlenswert. Wer zu viel oder gar falsch abschneidet, beraubt sich bezaubernder Herbst- oder Winter-silhouetten im Staudenbeet. Jene mehrjährigen Pflanzen, die wie die Sterndolde *(Astrantia)*oder die vielen Phlox-Sorten, die jetzt verblüht sind, können etwa 10 cm über dem Boden abgeschnitten werden, denn sie bieten kein schönes Herbst- oder Winterdisplay.

Wichtig ist auch, jene Pflanzen ganz zurückzuschneiden, die sich sonst unerwünscht aussäen, wie die oben bereits erwähnte Sterndol-de oder einige der Wiesenrauten-Arten *(Thalictrum)*, die regelrecht zu einer invasiven Pestilenz werden können. Übrigens gehört auch die so beliebte Goldrute zu diesen dankbaren, aber auch sehr raum-greifenden Stauden, die überall wachsen, aber nur schwer wieder zu entfernen sind. Wer sie also erhalten möchte, sollte sie kurz nach der Blüte ziemlich stark herunterschneiden.

........................*Wer jetzt beginnt, die verblühten Stauden im Beet ratze-putz herunterzuschneiden, beraubt sich eines der schönsten Erlebnisse im Garten.* ....

Beetgenossen also, die keinesfalls jetzt schon unserem arbeitsamen Aufräumfimmel zum Opfer fallen sollten, jene Helden, die uns das so kurze Jahr verlängern, indem sie uns die Schönheit des Herbstes und des Winters zeigen.

Zu den absoluten „Must-stay-don't-touch"-Pflanzen gehören zum Beispiel fast alle Distelverwandten wie die Kugeldistel *(Echinops)* oder die Blaue Edeldistel *(Eryngium planum)*. Ganz besonders erhal-tenswert sind auch das Knollenbrandkraut *(Phlomis tuberosa* 'Amazo-ne'*)*, das durch seine kreisförmig angelegten Samenstände um den Blütenstängel herum nicht nur im Frost und Winter bezaubernd aussieht, sondern auch noch ganz besonders nette Etagenwohnungen zur Überwinterung von Gartennützlingen bietet. Zu diesen Winterquartier bietenden Stauden zählen zum Beispiel auch viele Garben wie *Achillea* 'Moonshine', 'Credo' und die Sorte 'Hella Glasshoff'. Bei diesen handelt es sich eher um großflächige Landeplattformen, die auch mit einer Schneehaube ganz wundervoll aussehen. Auch bei Glockenblumen *(Campanula)*, Indianernesseln *(Monarda)* und Kandelaber-Ehrenpreis *(Veronicastrum)* sollte man nur die schlapp herunterhängenden alten Blätter, keinesfalls aber den ganzen Blütenstängel entfernen, denn genau dort entwickeln sich über die nächsten Wochen die Samenkapseln, Hülsen und Insektenhotels für die Wintermonate. Ganz besonders wichtig ist, nicht ganz winterharte Gartenstars wie das Patagonische Eisenkraut *(Verbena bonariensis)* stehen zu lassen, denn sie bieten mehr als nur eine schöne Winterschau. Sie sorgen auch dafür, dass sie sich neu aussäen, was von entscheidender Bedeutung ist, sollte sich die Mutterpflanze bei winterlichen Tiefsttemperaturen verabschieden. Ich habe meinen Eltern vor vielen Jahren drei Verbenen gepflanzt, die sich bereits im ersten Winter verabschiedeten, doch ihre Nachkommen haben sich liebevoll und großzügig im ganzen Beet verteilt. Sollte es einmal zu viel werden, können Sie sie einfach verschenken, obwohl ich denke, dass man von diesen verzaubernden tanzenden Elfen gar nicht genug haben kann. Jetzt ist auch die beste Zeit, die Hortensie 'Annabelle' zum Trocknen abzuschneiden, denn jetzt hat sie absolut ihren schönsten Farbton, dieses sanfte Grün-Crème erreicht.

Vom Pflanzen und Umpflanzen

▸............................ AUCH WENN HEUTE FAST ALLES BESSER, schneller und anders ist, so hat sich in der Pflanzenwelt das Eine nicht wirklich geändert, denn die Natur hat ihre Gewohnheiten nicht unserem Lebensstil angepasst. Die beste Pflanzzeit für Stauden ist jetzt und die beste Pflanzzeit für Gehölze ist, sobald die Blätter gefallen sind.

.... Durch die längeren Winter, die sich nun doch eher zur Regelmäßigkeit als zum Einzelfall zu entwickeln scheinen, ist zu beobachten, dass Stauden, die erst im Mai und Juni in den Boden kommen und dann sofort von einer Hitzewelle überfallen werden, wesentlich schwächer und krankheitsanfälliger sind. ....

Jene, die im frühen Herbst gepflanzt wurden, sind eindeutig robuster. Dies lässt sich natürlich durch ein entscheidend besseres Anwachsklima erklären. So ist es einer Pflanze, die jetzt in den noch warmen, feuchten Boden kommt, noch möglich, von September bis Anfang November, Wurzeln zu schlagen, sich an die neue Umgebung in idealem Wachstumswetter zu gewöhnen und sozusagen im Garten anzukommen. Diese Herbstpflanzen stehen auch nicht unter dem gleichen Stress wie die Frühlingspflanzen, denn sie müssen nicht gleich mit dem Wachstum ober- und unterirdisch beginnen, sollen auch keine Blüten und Früchte mehr bilden, sondern können sich ganz gemächlich auf die Produktion unterirdischer Anker-und Ernährungswurzeln konzentrieren, um sich dann in den Winterschlaf zu begeben. Allerdings muss man im Herbst die Pflanzen kennen, die man im Beet haben möchte, denn wenn man nur pflanzt, was jetzt blüht, dann sieht es im Frühjahr und Sommer etwas mau in der Rabatte aus.
Bei Kleinsträuchern und Beerenobst ist es ähnlich, auch Sträucher kann man am besten im September/Oktober pflanzen. Vor allem

Himbeeren sind jetzt ideal in den Boden zu bringen, denn auch sie bilden noch bis zum Winter Wurzeln aus und können dann im neuen Jahr gleich loslegen und sind außerdem in der Lage, mit Hitzeperioden sehr gut umzugehen.

Bei großen Bäumen und Gehölzen verhält es sich allerdings anders, sie ziehen es vor, erst nach dem Laubabwurf gepflanzt zu werden, denn es fällt ihnen schwerer, sich an einen neuen Standort zu gewöhnen und sie brauchen auch länger dafür. Bäume sind nicht in der Lage, Prioritäten zu setzen; wenn sie also noch ihre Blätter haben und gleichzeitig an einen neuen Standort kommen, versuchen sie auf Teufel komm raus, Wurzeln zu bilden, damit sie die Blätter mit notwendigem Wasser zur Photosynthese versorgen können. Wurzelwachstum bei Bäumen, vor allem bei alten Bäumen, ist jedoch ein langwieriger Prozess, und so ist der noch belaubte Baum fast zum Scheitern verurteilt. Dies gilt allerdings nicht für Containerpflanzen, sondern nur für wurzelnackte Baumschulware, die direkt aus dem gewachsenen Boden gegraben wird. Übrigens hat das Wort Baumschule tatsächlich etwas mit dem Wort Schule zu tun. Denn hier lernen die Pflanzen im wahrsten Sinne des Wortes das Wachsen, oder vielmehr, sich an das ständige Umpflanzen zu gewöhnen. Denn ein Gehölz kommt tatsächlich in eine Baumschule, um zu lernen, wie es den Umzug in Ihren Garten nach unbestimmt vielen Jahren überlebt. Es bestätigt sich, wie auch bei den Menschen, die Devise, je jünger der Baum, desto leichter lässt er sich noch verpflanzen. Dies hat natürlich mit seinem Wurzelwachstum zu tun. Um Pflanzen an ihre spätere Reise zu gewöhnen, werden sie regelmäßig alle drei bis vier Jahre verschult, also umgepflanzt, und bekommen einen kräftigen Kronenschnitt. Dieser Aufwand ist notwendig, damit Sie überhaupt in der Lage sind, große Bäume zu kaufen und zu pflanzen. Und dies ist der Grund für die (angemessen) stolzen Preise.

Sehr geehrte Frau Pape!
Im November 2007 haben wir einen 3 Meter hohen Amberbaum
(Liquidambar styraciflua) in unseren Garten pflanzen lassen. Seit nun-
mehr zwei Jahren zeigt der Baum im Herbst nicht mehr die typische
rötliche Verfärbung der Blätter, und er trägt das trockene Laub bis
ins späte Frühjahr hinein. In diesem Jahr sind viele einzelne Äste,
besonders in den Spitzen, vertrocknet. Gedüngt wird mit Oscorna-
Animalin im Frühjahr und im Spätsommer. Welchen Fehler machen
wir? Vielen Dank für Ihren Rat.
Mit freundlichen Grüßen, D. S.

Sehr geehrte Frau S.,
eine Ferndiagnose ist immer so eine Sache, aber ich denke, Sie haben
gar nichts falsch gemacht, meist wird der Fehler von den pflanzenden
Firmen gemacht, die eine Pflanzung eines Einzelbaumes nicht als ihr
Hauptgeschäft sehen und somit versuchen, die Pflanze so schnell wie
möglich in den Boden zu stecken. Hierbei liegt meine Betonung auf
stecken, weil man davon ausgehen kann, dass 90 % aller Pflanzlöcher
zu klein angelegt sind. Zu klein heißt, dass der Wurzel- oder Contai-
nerballen in das Loch wie ein Korken in eine Flasche passt. Dies hat
zur Folge, dass die Pflanze auch weiterhin glaubt, in einem Container
zu sitzen, keine oder nur sehr wenig Wurzeln entwickelt, die sich
dann langsam in dem Pflanzloch zu Grunde winden. Sie können das
leicht ändern, indem Sie den äußeren Rand des Ballens, oder dort,
wo Sie ihn vermuten, die Erde mit einem Spaten einen Spaten tief
abgraben, diesen Graben dann fluten und dann mit einem Gemisch
aus altem und frischem neuem Boden wieder auffüllen und wieder antreten. Bei regelmäßigem Wässern werden Sie schon bald ein
Aufatmen bei der Pflanze feststellen, und sie wird es Ihnen bestimmt
auch im nächsten Jahr bereits mit schönster Herbstfärbung danken.

Sehr geehrte Frau Pape,
wir haben einen großen Hibiskus, der schon 25 Jahre alt ist. Seit etwa
drei Monaten sehen die Blätter sehr schlapp aus und er blüht auch
nicht mehr. Wir haben ihn umgetopft und sahen, dass er total ver-
wurzelt war. Wir informierten uns schon bei mehreren Gärtnern, der
eine sagte weniger gießen, der andere mehr gießen. Wir wissen jetzt
nicht mehr, was mir machen sollen.
Wir würden uns sehr freuen, wenn wir eine Antwort bekämen,
und verbleiben mit freundlichen Grüßen, B. und K. S.

Verehrte Gärtnerin,
Umtopfen wird häufig zu einer echten Mutprobe und Herausforde-
rung. Eine Pflanze die jahrzehntelang im gleichen Topf stand, ist völlig
topfgebunden, mit anderen Worten, die Wurzeln drehen sich im Kreise
und behalten diese Eigenschaft auch nach dem Umtopfen bei. Deshalb
ist es beim Umtopfen ganz wichtig, dass Sie den Wurzelwust mit einem
Messer oder scharfen Gegenstand von oben nach unten anritzen oder
anreißen, damit dieser Rotationsvorgang unterbrochen wird und sich
neue Wurzeln aus den Schnittstellen bilden können. Machen Sie dies
nicht und gießen die Pflanze zudem noch kräftig, obwohl sie eigentlich keine neuen Wurzeln gebildet hat, ertränken Sie die Pflanze - und
genau das ist es, was ich glaube, was Ihrem Hibiskus zugestoßen ist.
Die Quintessenz: Sie sollten Ihren Hibiskus noch einmal aus dem Topf
nehmen, die Wurzeln kräftig anritzen, sozusagen rund um den Ballen
alle 10 cm und dann noch einmal in den neuen Topf setzen, die Erde
um den Ballen andrücken. Wässern Sie anschließend bitte nur mäßig,
die Pflanze ist nach so einem Eingriff gestresst und möchte sich auf die
Bildung von Wurzeln konzentrieren. Einmal pro Woche gießen, bis sich
die Blätter wieder aufrichten. Außerdem rate ich Ihnen, die neu umge-
topfte Pflanze um ein Viertel oder um ein Drittel einzukürzen. Damit
man bei so einer Aktion nicht ein Jahr auf die Blüten verzichten muss,
würde ich solch eine Aktivität immer nach der Blüte ausführen.

* * *

Der beeinflussende Faktor

ist die Menge an Zuneigung,

die wir den Zwiebelblumen

zuteilwerden lassen.

* * *

Die kleinen Wunder fürs Frühjahr

▶⋯⋯⋯⋯⋯⋯⋯ JA, ES IST WIEDER SOWEIT, ab September beginnt die Zwiebelblumenzeit. Doch auch wenn die Zwiebeln schon überall erhältlich sind, sollten Sie mit dem Pflanzen der kleinen, runden Glücksbringer noch an sich halten. Wenn der Herbst etwa sehr früh einsetzt, möchte ich vor übermäßiger Euphorie warnen. Wer gleich nach dem Kauf seine Zwiebeln in den Boden bringt, läuft Gefahr – sollte es einen warmen Oktober geben –, dass die Zwiebeln im noch warmen Boden austreiben, ihre Nasen aus dem Boden stecken und dann im kalten Winter kräftig einen auf die Mütze bekommen. Diese Zwiebelblumen haben dann im Frühjahr nicht mehr die Energie, noch einmal neu auszutreiben. Es ist also sehr wichtig, die gekauften Zwiebeln bis Mitte/Ende Oktober an einen trocknen, dunklen und möglichst nicht warmen Platz einzulagern. An einem feuchten Ort können die Zwiebeln leicht gammeln. An einem zu hellen oder zu warmen Ort beginnen sie in der Tüte auszutreiben, deshalb ist es wichtig, dunkel, kalt und trocken zu lagern. Ein Keller ist ideal. Wenn Sie nur eine Garage haben, dann legen Sie die Zwiebeln in der Tüte (es sollte eine Papiertüte sein, keine Plastiktüte) in einen Karton, eine Lage zerknülltes Zeitungspapier darüber, damit feuchte Luft aufgesogen wird, und dann wird der Deckel verschlossen. Stapeln Sie nicht zu viele Tüten übereinander, es sind empfindliche Seelen, auch wenn sie robust aussehen. Wenn Sie Zwiebeln in Plastikfolien kaufen, dann schneiden oder reißen Sie die Tüten vor der Lagerung auf, damit Luft an sie kommt.

Aufgrund unterschiedlicher Blüte- und Pflanzzeiten unterscheidet man die Frühblüher (Blütezeit Februar bis Mai) von den Sommerblühern (Blütezeit Juni bis August). Sommerblüher werden besser im Frühjahr gepflanzt. Zu den Frühblühern gehören Krokus, Traubenhyazinthe, Tulpen, Narzissen, Hyazinthen sowie der Zierlauch und der Märzenbecher. Der eine oder andere Gärtner ist vielleicht in den

letzten Jahren auch etwas missmutig geworden, weil viele der neuen
Sorten im Folgejahr gänzlich wegbleiben oder nur in geringer Menge
wieder kommen. Manch böse Zunge behauptet gar, dass die Zwiebeln
schon so gezüchtet werden, dass sie nur im ersten Jahr kommen und
blühen, doch das ist, soweit ich das beurteilen kann, nur ein Gerücht.
Das wiederholte Blühen von Zwiebeln wird aus meiner Sicht von
zwei wichtigen Faktoren bestimmt.

..............................*Sehr hoch gezüchtete Sorten, hier ist die Papageientulpe
ein gutes Beispiel, sind so stark durch den Züchtungsprozess geschwächt,
dass sie extremen Witterungseinflüssen, wie einem sehr kalten Winter oder
einem sehr frühen, heißen Frühjahr, nicht standhalten können.* ....

Es ist dafür wichtig zu verstehen, dass die verschnörkelten Blätter
und die feurigen Streifen auf den Blütenblättern, zum Beispiel der
Papageientulpe, durch einen oder gar unterschiedliche Virusarten
kreiert werden. Durch diesen eingesetzten Virus verliert die Tulpe
dann sehr viel ihrer eigentlichen Resistenzkräfte. Auch wenn wir
krank sind, gehen wir mit Belastungen ganz anders um, als wenn wir
gesund sind.
Der zweite beeinflussende Faktor ist dann die Menge an Zuneigung,
die wir den Zwiebelblumen zu teil werden lassen. Sie sollte nicht zu
tief gesetzt werden - ein gutes Maß ist grundsätzlich, die Zwiebel zwei-
bis dreimal so tief zu setzen, wie sie dick ist, und nicht zu früh - die
Zwiebel sollte in kalten Boden, also erst Mitte/Ende Oktober gesteckt
werden.
Ein weiterer Faktor ist, ob die Zwiebel im Frühjahr gleich nach der
Blüte abgeschnitten oder womöglich sogar als Tischdekoration während der Blüte geschnitten wurde. Auch diese Pflanzen blühen dann
kein zweites Mal. Und *last but not least* sollten besonders hochgezüch-
tete Sorten gleich nach der Blüte gedüngt werden, damit sie Kraft
in die Zwiebel, dem Speicherorgan, aufnehmen können und dann
kraftvoll überwintern können.

Welche Zwiebel, wann und wo?

▶.......................... NICHT ALLE ZWIEBELN EIGNEN SICH FÜR JEDE GARTENSITUATION GLEICHERMA-SSEN GUT und auch nicht alle kommen zuverlässig wieder. Ich verwende zur Vereinfachung und zum besseren Verständnis den Überbegriff Zwiebelpflanzen. Zu diesen zählen dann nicht nur jene mit echten Zwiebeln als Speicherorgan, sondern auch alle Pflanzen, deren Wurzeln sich eine Anpassung zur Überdauerung der Trockenperioden ausgedacht haben. Hierzu gehören auch Knollen (zum Beispiel bei Anemonen oder Winterling), Rhizome (bei *Iris* oder *Canna*) oder auch verdickte Wurzeln, wie zum Beispiel bei der Steppenkerze (*Eremurus*).

Zu den echten Zwiebelblumen gehören vor allem die Narzissen zu den Frühblühern. Die gelben Sorten gedeihen am besten in voller Sonne. Zu den zuverlässigsten und schönsten Blühern gehören Sorten wie 'February Gold', 'Peeping Tom' und 'Tête-à-Tête'. Wenn man nicht so auffällige Narzissen haben möchte, die sich auch naturalisieren, dann empfehle ich gern die botanischen Arten *Narcissus bulbocodium* und *N. jonquilla*. Diese Wildformen gedeihen auch im lichten Schatten. Bei den weißen Sorten ist vor allem die duftende Dichternarzisse (*N. poeticus* var. *recurvus*) zu empfehlen, die nicht nur zuverlässig jedes Jahr wiederkommt, sondern sich auch durch Selbstaussaat und Brutzwiebeln, die an der Zwiebelbasis erscheinen, weiter ausbreitet. Sie liebt ebenfalls den lichten Schatten am Gehölzrand.

Ihr sehr ähnlich und doch noch eine Nuance weißer, ist die Sorte 'Actea', die sich ebenfalls gut naturalisiert. Bei Frost und Eis wesentlich empfindlicher sind allerdings die besonders schönen Sorten wie die mehrblütige, weiße Sorte 'Thalia', die einfache 'Mount Hood' oder 'Polar Ice'. Es ist wie im wirklichen Leben, je schöner und peppiger, desto empfindlicher sind sie auch. Es kann also durchaus vorkommen, dass von Jahr zu Jahr weniger blühen.

Vor den Narzissen erfreuen uns im Frühjahr die bezaubernden Winterlinge (*Eranthis*), die sofort nach dem Abschmelzen des Schnees erscheinen. Ähnlich wie bei den Buschwindröschen werden kleine schrumpelige Knollen im Oktober gesetzt. Ich empfehle Ihnen, diese schrumpeligen, kleinen, fast wie Hasenköttel aussehenden Knöllchen vor dem Pflanzen 24 Stunden in Wasser quellen zu lassen. Sie verdoppeln dabei fast ihre Größe und haben im eventuell trockenen Boden eine bessere Chance, gut zu gedeihen. Vom Winterling gibt es mittlerweile auch einige Sorten, ich tendiere aber dennoch zur wilden Ursprungspflanze, da sie sich am schnellsten ausbreitet und weniger anspruchsvoll gegenüber den Bodenverhältnissen ist als ihre selektierten Verwandten.

Bei Anemonen verhält es sich etwas anders, hier gibt es einige Sorten, die doch der natürlichen Form vorzuziehen sind, so zum Beispiel *Anemone blanda* 'Blue Shades' in leuchtendem Blau und die strahlend weiße *A. blanda* 'White Splendor'. Auch bei diesen Knollen gilt, sie etwa zweieinhalbmal so tief einzupflanzen wie sie hoch oder besser dick sind, ausgehend vom gequollenen Zustand.

.............................Eine Besonderheit für den Schatten ist der Hundszahn (Erythronium dens-canis), *von dem die Sorten 'Pagoda' und die weiße 'White Beauty' ganz besonders schön sind und sich auch sehr für lichtschattige Bereiche im Gehölz oder am Gehölzrand eignen. ....*

Für sonnige Bereiche sind die frühen Zwiebeliris (*Iris reticulata* und *I. danfordiae*) zu empfehlen, die auch ideal im Topf und somit auf dem Balkon gedeihen.

Die späten Zwiebelblüher sollten jetzt noch in die Erde

▶............................ ZU DEN SPÄTER BLÜHENDEN ZWIEBELBLUMEN
GEHÖREN UNTER ANDEREM DIE TULPEN und vor allem die seit
Neustem so beliebten Zierlauch-Arten. Besonders liegen mir jene
Sorten am Herzen, die sehr zuverlässig im folgenden Jahr wieder-
kommen, sofern sie richtig behandelt und gepflanzt werden.
Zuerst sollte man sich für sein Beet überlegen, welche Farben überhaupt hineinpassen, denn obwohl im Frühjahr fast alles erlaubt ist,
danken es die Augen schon, wenn man beim Pflanzen der Spätblüher
ein wenig Rücksicht auf die zu diesem Zeitpunkt bereits blühenden
Stauden nimmt.
Die zuverlässigste und recht alte, hochstielige, knallrote Tulpen-Sorte,
die auch noch viele Jahre lang wiederkommt, ist 'Appledorn'. Etwas
empfindlicher ist 'Red Riding Hood', farblich noch zurückhaltender
die burgunderrote Sorte 'Burgundy'. Wer es ganz dunkel und edel
mag, sollte unbedingt die verlässlichen Sorten 'Queen of Night' und
'Black Hero' versuchen, und diese zusammen mit einer weißen oder
rosafarbenen setzen, damit sie im noch bodenschwarzen Beet im
Frühjahr noch besser zur Geltung kommen. Sehr schöne und auch
zuverlässig wiederblühende Ergänzungen zu den fast schwarzen Tulpen sind 'China Pink' und 'Très Chic'.

.... *Ganz wichtig ist es, Tulpen nicht, wie es immer unser Be-
streben ist, an den Rand des Beets zu pflanzen, sondern eher in den mittle-
ren Bereich, also etwa 70 cm von der Rasenkante oder dem Weg entfernt.* ......

So stören die verblühten Tulpenstängel und Blätter nicht, und man
muss nicht zur Schere greifen und das Schlimmste tun, was man der
Tulpe antun kann, nämlich sie vorzeitig abzuschneiden. Genau dies
ist der Grund, warum so viele Zwiebelblumen im Folgejahr nicht wieder zur Blüte kommen. Allzu oft greifen wir viel zu schnell zur Gartenschere, weil uns die verendenden Stümpfe der Tulpen und Narzissen stören. Die Zwiebel kann im kommenden Jahr aber nur wieder
blühen, wenn Stängel und Blattwerk bis zum völligen Vertrocknen

stehen bleiben, damit die Zwiebel die ganze Kraft aus Stängel und Blättern aufnehmen und einspeichern kann.

Dies gilt auch für den Zierlauch, nur ist dieser nach der Blüte verhältnismäßig schöner und trocknet wesentlich graziler ein. Wenn man nun die Zwiebeln weiter ins Innere des Beets steckt, dann verschwinden die absterbenden Stängel zwischen dem Blattwerk der heranwachsenden Stauden und werden somit kaum wahrgenommen.

Da es im Frühjahr im Beet ruhig bunter sein darf, empfehle ich Ihnen noch einige buntere und zuverlässigere Tulpen: eine schöne orangefarbene Tulpe ist 'Princess Irene', 'Orange Emperor' und in Gelb die Sorte 'Texas Gold'. Auch bei Tulpen und Zierlauch gilt die Pflanzregel: zwei- bis dreimal so tief setzen, wie die Zwiebel dick ist. Das soll nicht heißen, dass sie nicht austreibt, wenn sie etwas tiefer gepflanzt wird, sie blüht dann meist nur viel später.

Die vielen Zierlauch-Arten (*Allium*) haben mit dem Gemüselauch oder Porree nicht viel gemein. Es gibt mittlerweile sehr viele, sehr schöne Züchtungen, von denen ich die Folgenden empfehlen kann. Da wäre zum Beispiel das wilde und sehr zuverlässige *Allium aflatuense*, das auf etwa 65 cm hohen, zarten Stängeln eine 10 cm große, lilafarbene Sternenkugel produziert. Eine wesentlich größere Blütenkugel, mit einem Durchmesser von etwa 25 cm, haben *Allium giganteum* und die noch stabilere Sorte 'Globemaster'. Einer meiner Lieblinge ist das sehr kleinkugelige, aber hohe und eher unscheinbare *Allium sphaerocephalum*, das man in größeren Mengen (ruhig ein paar hundert) pflanzen sollte, um es überhaupt wahrzunehmen. Und *last not least* sind da die ganz großen und lange schön bleibenden Sternkugeln von *Allium cristophii*, deren Kugel zwar nicht so dicht ist, aber einen beachtlichen Durchmesser von 20 bis 30 cm in feinem, reinem Pink aufweist.

* * *

Ein schöner Brauch ist es,

diese bezaubernde weiße Blüte

vor der Haustür in einen Topf

zu setzen, um das Haus

vor bösen Geistern zu schützen.

* * *

Pflanzen überwihtern?

▶............................ VOLLER ELAN UND ENTHUSIASMUS HABEN SICH
GARTEN- UND BALKONBESITZER - meist nach dem schönen Som-
merurlaub in verführerischen Gefilden - riesige Oleander, Oliven-
bäume oder Bougainvilleen gekauft, um das Sommerurlaubsfeeling
noch möglichst lange anhalten zu lassen. Im Prinzip eine schöne
Vorstellung, dieses Gefühl der verpflanzten Toskana oder der mal-
lorcinischen Sommerdüfte, doch das ernsthafte Problem mit den
so heiß geliebten Exoten beginnt Ende Oktober, denn jetzt suchen
die glücklichen Besitzer eine geschützte Bleibe für ihre den Winter
hassenden Lieblinge. In den ersten Jahren, solange die Pflanze noch
nicht zu groß ist, versucht man es noch mit dem dunklen, muffigen
Keller, wo man sie dann, meist im dritten Jahr, liebevoll vergisst und
sich im Frühjahr empört fragt: Wer hat denn vergessen, den Oleander
zu gießen? - Nun ist er hin.
Wesentlich optimistischere Exotenbesitzer hoffen Jahr für Jahr auf
den Klimawandel und lassen die Pflanzen, hübsch eingepackt in
schicker Noppenfolie, einfach auf der Terrasse stehen. Mit ähnlichem Resultat wie die Kellerbesitzer. Da ist eine Garage durchaus zu
bevorzugen, am schönsten und glücklichsten wären diese Pflanzen in
einem frostfreien Wintergarten oder Gewächshaus, das allerdings die
wenigsten von uns haben.

............................*Wenn Sie kein Gewächshaus haben und vielleicht zusätzlich schon seit Jahren vehement behaupten, keinen grünen Daumen zu
haben, dann versuchen Sie es einfach gar nicht erst mit der Einlagerung
Ihrer Pflanzen. Geben Sie das Problem an eine Gärtnerei weiter, die ein
beheiztes Gewächshaus besitzt.* ....

Es ist mir wohlbekannt, dass der eine oder andere im Frühjahr oft
recht unzufrieden mit dem Zustand der Pflanzen ist, die in Fach-

gärtnereien überwintert haben. Doch bitte ich zu bedenken, dass in diesen Gewächshäusern die verschiedensten Pflanzen, teilweise bereits krank eingeliefert, von Roter Spinne (Spinnmilben) und Weißer Fliege befallen, für fünf Monate zusammen eingepfercht werden. Das ist dann ähnlich wie mit einer Schulklasse: ist einer krank, sind alle krank. Die Gärtner haben ihre liebe Mühe in den warmen Gewächshäusern, Herr der Lage zu werden, wenn es draußen schneit und über Monate kalt ist. Auch sind die Licht- und Wärmeansprüche der dort eingelagerten Pflanzen nicht immer gleich, was die Sache für die Gärtner nicht einfacher macht und oft ein unlösbares Problem darstellt. Haben Sie Nachsicht für den alljährlich wiederkehrenden, winterlichen Kampf der Gärtner mit Ihren Exoten und seien Sie froh, dass der alte Bekannte, der doch eigentlich lieber in Sizilien wäre, noch lebt, und freuen Sie sich auf die fünf oder sechs Sommermonate, in denen er Sie wieder auf Ihrer eigenen Terrasse beglücken wird. Und in den meisten Fällen erholen sich die exotischen Pflanzen innerhalb von zwei bis drei Wochen nach ihrer Rückkehr im April und sehen im Mai schon wieder tadellos aus. Wem die Ausgaben für die Überwinterung zu hoch sind, der sollte sich dies bitte - vor allem beim Kauf großer Pflanzen - vorher gut überlegen. Kleinere Pflanzen lassen sich ohne Weiteres im Haus überwintern. Bei der Überwinterung in der Wohnung ist es wichtig zu beachten, dass die Pflanzen zwar ruhen, aber nicht, wie der Igel, in einen totalen Winterschlaf verfallen. Sie brauchen also auch während der weniger aktiven, winterlichen Wachstumsmonate Licht und Wasser. Hier gilt das Motto: feucht halten, aber nicht nass. Alle zwei Wochen gießen reicht, es zu vergessen ist hingegen fatal.

Von falschem und richtigem Laub – und wie man Tröge und Balkone fürs Frühjahr verschönert

▸.............................. WENN SIE, WAS SELTEN VORKOMMT, ZU VIEL
LAUB HABEN oder das falsche, zum Beispiel das einer Walnuss, dann
ist Folgendes vielleicht ein hilfreicher Rat:
Die Walnuss, von der übrigens vielerorts gedacht wird, dass sie ein alter einheimischer deutscher Baum ist (was nicht stimmt, sie kommt
ursprünglich aus dem östlichen Mittelmeergebiet, dem Balkan und
Vorder- sowie Mittelasien), hat zwei negative Eigenschaften, die
Einfluss auf den Wuchs der Pflanzen unter ihr haben: einerseits ist dieser Baum in der Lage, einen wachstumshemmen-
den Wirkstoff namens Juglon zu bilden (daher auch *Juglans*,
der lateinische Name des Baumes). Dieses Juglon produziert
der Baum den ganzen Sommer über, um den Wuchs der
Pflanzen, die unter ihm oder auch in seiner Nähe stehen, zu
hemmen und Konkurrenzwuchs zu verhindern. Da soll noch
einmal einer sagen, Pflanzen seien nicht intelligent. Ein weiteres Problem entsteht mit dem Herbstlaub, denn die Blätter
verrotten nur sehr langsam und sind voller Gerbsäure, weshalb sie
auch nicht wirklich auf den Komposthaufen gehören, sondern in
die Biotonne.
Auch das restliche Laub anderer Bäume gehört bei mir nicht auf den
Kompost, sondern kommt in extra dafür hergestellte feingewobene
Laubsäcke aus Jute, die gibt es im Internet oder in guten Gartencentern. Diese Säcke, mit Herbstlaub vollgepackt, sehen nicht nur gut
aus, wenn man sie neben den Kompost stellt oder legt, sie verhindern
vor allem, dass das Laub durch den ganzen Garten fliegt und den
Kompost überfüllt. Wer schönes buntes Laub hat, also zum Beispiel
Buchen-, Eichen-, Ahorn- oder Ginkgolaub, der kann aus der Not
eine Tugend machen und in den Jutesack einen Terrakottatopf zum

Überwintern stellen, bevor man ihn rundum mit dem stabilen Laub füllt. Linden- oder Kastanienlaub sind dafür nicht geeignet, da sie schnell matschig werden. Auf diese Weise bleibt das Laub sichtbar, schön herbstlich und trocken und der Topf ist etwas vor Frost geschützt. Wichtig ist nur, dass der Topf nicht direkt auf dem Boden, sondern leicht erhaben, auf Holzfüßchen oder Ähnlichem steht, damit Luft unter den Topf gelangen kann und er immer trocken steht. Wer keinen Garten hat, sondern nur Tröge oder Balkonkästen, der sollte im November dafür sorgen, dass auch diese jetzt mit den richtigen Zwiebelpflanzen bestückt werden.

In größere Kübel passen höhere Narzissen und Tulpen, die auch für Staudenbeete geeignet sind, wie *Narcissus* 'Peeping Tom' mit seinen lustigen langen Schnuten, und die lilienblütigen *Tulipa* 'Westpoint' oder 'Typhoon'. Die erste gelb, die zweite leuchtend rosarot, haben beide elegant gespitzte Blütenblätter, wodurch sie eine feine Silhouette bekommen. Für Kästen sind kleinere Zwiebeln geeignet, wertvoll sind violett-rot mit Grün geflammte *Tulipa humilis* 'Tête-à-Tête' und *Narcissus* 'Tête-à-Tête', denn der Name impliziert, dass diese Pflanzen mehrblütige Triebe produzieren, was ja für den Balkon besonders wichtig ist. Auch die leuchtend roten Sorten von *Tulipa praestans* sind wirkungsvoll und haben mehreren Blüten pro Stiel. Es gibt eine Fülle von kleinen, bezaubernden Zwiebeln für sonnige oder schattige Standorte, die man überhaupt erst richtig im Detail genießen kann, wenn sie auf Augenhöhe auf der Balkonbrüstung stehen – na gut, ein bisschen bücken muss man sich schon. Pflanzen Sie diese Zwiebeln in Schichten: größere wie die duftende Hyazinthen ganz unten, dann Tulpen, darüber Narzissen, und zum Schluss als letzte Lage einige Krokusse oder Traubenhyazinthen dazu.

Bäume als Hoffnungsträger

▶·························· DURCH DIE STÜRMISCHEN TAGE UND NÄCHTE ENDE NOVEMBER werden förmlich über Nacht die letzten Blätter von den Bäumen geblasen und bedecken den Garten noch einmal mit Herbstlaub. Nun stehen sie da, die großen und kleinen Gerippe der Gehölze, und so manch einem gebührt ein zweiter, ja sogar ein dritter Blick auf den Habitus, die Rinde oder sogar die Knospen, denn Pflanzen, die sich im Winter ausziehen, wo alle andern sich anziehen, dürfen bewundert werden. Ich bin ja gelernte Baumschulgärtnerin, was bedeutet, ich habe gelernt, wie man Bäume auf den Verkauf im Erwachsenen-Alter vorbereitet. Von daher hat es mich immer sehr fasziniert, was ein Baum im Winter macht und warum man ihn besser im Winter verpflanzt als im Sommer, wenn er seine Blätter trägt. In der Baumschule werden Bäume und Sträucher von klein auf darauf vorbereitet, irgendwann einmal an einen endgültigen Ort gepflanzt zu werden. Dies geschieht, indem der Wurzelballen in regelmäßigen Abständen von zwei bis drei Jahren umstochen oder sogar verpflanzt wird. Dieses regelmäßige Verpflanzen sorgt dafür, dass der Wurzelballen des Baumes wesentlich kleiner bleibt, als wenn er in der Natur wachsen würde. Nur dadurch kann man ihn für die Verpflanzung in den Garten überhaupt noch bewegen und tragen. Eine dreißigjährige Linde, die sich in der Wildbahn einen Standort ausgesucht hat, hätte normalerweise einen Kronendurchmesser von etwa 6 m und somit auch ein Wurzelwerk von etwa der gleichen Größe, denn die feinen Haarwurzeln folgen der Traufe der Baumkrone, da dort das meiste Wasser ist. Nun wird aber der Baum in der Baumschule kleiner gehalten, vor allem der Ballen, was auch Einfluss auf die Krone nimmt, denn wenn ich regelmäßig die Wurzeln eines Baumes kappe, muss auch die Krone geschnitten werden, die dann etwas langsamer wächst. Dennoch hat eben jene dreißigjährige Linde in der Baumschule zwar einen Kronendurchmesser von etwa 4 m, aber der Wurzelballen hat maximal einen Durchmesser von 1,20 bis 1,50 m, damit man ihn besser handhaben kann. Wenn man also einen großen Baum oder Strauch kauft, sollte man sich darüber im Klaren sein, dass die Baumschule nicht einfach nur einen Baum aus dem Boden gräbt und ihn Ihnen für viel Geld verkauft, sondern dass der Baum in seinem Leben schon sechs-, sieben- oder gar achtmal verschult, also umgepflanzt wurde. Es sind diese unglaublich aufwendigen Verpflanzungsaktionen, die einen großen Baum kostbar und teuer machen.

.............................*Bäume sind für mich so wichtig wie Luft zum Atmen, und für viele Menschen sind sie wichtige Hoffnungsträger. Sie sind ein Ausdruck von Zuversicht und Vertrauen in die Zukunft, in die Kinder und in die Kinderskinder.* ....

Bäume werden im Grunde immer für die nächsten Generationen gepflanzt. Selbst große Landschaftsarchitekten wie Peter-Joseph Lenné haben ihre Werke nie vollendet gesehen, weil Bäume einfach zu langsam wachsen. Dieses Visionäre in Verbindung mit einem Baum, dieses Orientieren und Ausrichten auf die Zukunft drückt sich auch darin aus, dass seit Urzeiten neben ein neues Haus ein Baum gepflanzt wird: Ein Haus will immer geankert sein. Und Bäume ankern und helfen der menschlichen Verwurzelung. Auch wenn Pappeln oder Eichen nicht wirklich die besten Hausbäume sind, die man dicht an der Fassade pflanzen sollte, so gibt es doch einige, die aus Tradition und Zuversicht gut in die Nähe des Hauses passen. Schließlich gab man Bäumen nicht diesen Platz, weil man das besonders schick fand, oder weil wie heutzutage ein oder zwei Ersatzbäume anstehen, sondern dieser Baum etablierte das Haus. Im übertragenen Sinn steht der Baum für ein Wurzelschlagen des Hauses und der Seele des Besitzers. Vielleicht hilft Ihnen diese - meine - Sicht über Bäume, sich ein wenig mit den Bäumen auf Ihrem Grundstück zu befreunden, und nicht wie jeden Herbst deren Fällung in Erwägung zu ziehen.

O Tannenbaum –
Schatz, wo hast du den denn her?!

▶.............................. ICH BIN JA EIGENTLICH GARTENGESTALTERIN
und habe von daher gar keine Ahnung, wie das so ist, wenn man
Weihnachtsbäume verkauft. Aber da ich die Gartenakademie mit
Pflanzenverkauf und allem Drum und Dran zu meiner Herzens-
angelegenheit gemacht habe, verkaufe ich urplötzlich auch Weihnachtsbäume. Keine Sorge, es soll hier gar nicht um unsere Bäume
gehen, sondern um dieses von mir völlig unterbewertete Ritual des
Weihnachtsbaum-Kaufes. Denn seit wir diese grünen Nadelbäume
verkaufen, die sich die Menschen, zumindest in der nördlichen
Hemisphäre, zu Weihnachten in die gute Stube stellen, weiß ich,
dass dieses Ritual eine ausgesprochen ernsthafte Angelegenheit ist.
Natürlich habe ich alljährlich die Familiengeschichten über den
Weihnachtsbaum erleben dürfen, doch noch nie so viele Stimmen zu
diesem Thema gehört. Bei uns war es eigentlich immer das gleiche
Szenario: Ich stapfe mit meinem Vater stundenlang, jedenfalls kam es
mir so vor, durch die Tannenschonung eines Tannenverkäufers und
nicke zu jedem Baum, den er mir vorschlägt, denn es ist nicht nur
bereits der 23. Dezember, sondern auch saukalt. Das sich jährlich wie-
derholende Ergebnis dieses Prozedere war, dass meine Mutter meist
völlig unzufrieden mit unserer Ausbeute war und sie die Tatsache,
dass wir Stunden in Nässe und Kälte dafür verbracht hatten, absolut
gleichgültig ließ. Und meine Großmutter brach dann jedes Mal beim
Anblick des geschmückten Baumes in Freudenjubel aus: „So ein
schönes Bäumchen hattet ihr noch nie", wohl wissend, dass an dieser
Aussage die Stimmung der Festtage hing.
Und jetzt beobachte ich mit Schmunzeln und Stirnrunzeln, wie andere Menschen ihren Baum aussuchen. Die gemeine Fichte, bei der
es sich in meinem Elternhaus immer handelte, gibt es an den Stän-

den kaum noch zu kaufen, da diese Art bereits am 24. Dezember zu nadeln beginnt. Somit scheinen sich die Weihnachtsbaumverkäufer auf Tannen geeinigt zu haben, denn diese haben ein längeres Überlebensvermögen in unseren völlig überheizten Weihnachtsstuben. „Nordmanntanne" ist das Schlagwort dieses Monats. Einem finnischen Herrn namens Alexander von Nordmann, seines Amtes Biologe und eigentlich Seidenraupenzüchter, haben wir es also indirekt zu verdanken, dass wir eine zimmerharte Weihnachtstanne gefunden haben. Diese schöne Tanne aus dem Kaukasus, *Abies nordmanniana*, hat alles, was den Weihnachtsmann entzückt. Sie haben Äste, auf die man ohne Weiteres größere Mengen Kerzen klemmen kann, ohne dass diese zu sehr herabhängen und benachbarte Zweige in Brand setzen. Sie ist ein schöner, wohlproportionierter Baum, den man, aufgrund seines gleichmäßigen Wuchses, ohne große Bedenken mitnehmen kann. Jedenfalls hatte ich das gedacht. Aber weit gefehlt, der eine ist zu hoch, der andere zu niedrig, jener zu breit oder zu dick (übrigens ein großer Unterschied), der eine hat zu gerade Äste, auf einen anderen passt unsere Spitze nicht drauf. Dieser hier ist entzückend, aber leider zu hell, und jener dort passt nicht in den Weihnachtsbaumfuß. Diesen hier würden wir ja gern nehmen, aber da hat mein Mann eine Lücke in der Astbalance gefunden, und noch einen Ast einbohren ist ja auch nicht schön. Endlich ist einer dabei, der gefällt, und jetzt wird mit großer Aufregung nach dem Preis gesucht, denn es stand ja in der Zeitung, dass jedes Jahr die Bäume teurer werden, da sollte man schon aufpassen, denn auch, wenn man sich überhaupt nicht daran erinnern kann, was der Baum im letzten Jahr gekostet hat, ist man ja nicht blöd …

So, und nun hat man dann nach langem Gezeter und Hin und Her den richtigen Baum zum richtigen Preis und dann ist es fast ein wenig wie nach einem euphorischen Einkauf beim Baumarkt oder in der Gärtnerei: Oje! Wie bekomme ich den denn jetzt ins Auto?

Eine Rose für den Schnee
und eine für das Christkind

▸············· WAS NEHME ICH DENN JETZT GLEICH MIT AUS
DER GÄRTNEREI, die Christrose, die Schneerose, den Nieswurz oder
vielleicht gibt es sogar das Schneebleamal, wofür man allerdings
schon etwas österreicherln sollte. Für mein Botaniker-Herz ist es
schon eine Last mit all diesen verwirrenden, deutschen Pflanzennamen, wenngleich sie sich dem einen oder anderen Leser vielleicht
leichter einprägen als der lateinische, nämlich *Helleborus niger*. Ein
schöner Brauch ist es dennoch, diese bezaubernde, wenn auch sehr
schüchterne, weiße Blüte vor der Haustür in einen Topf zu setzen,
um das Haus vor bösen Geistern zu schützen. Durch ihre Blütezeit
zum christlichen Fest wurde sie schon immer als heilig empfun-
den, und viele schrieben ihr deshalb auch heilende Kräfte zu. Nun
haben wir die Namen Christrose und Schneerose schon geklärt. Für
die einen, die sogenannten Weihnachtsmuffel, heißt sie Schneerose,
eben weil sie sogar im Schnee blüht, und für die anderen, an Christus
Glaubenden, Christrose, weil sie zum Christfest blüht. Es bleibt noch
die nicht weibliche Form der gleichen Pflanze, der Nieswurz. Ja, und
tatsächlich wurde dieser Name abgeleitet von dem Wort niesen, denn
bereits der gute Plautus hatte bewiesen und darüber geschrieben,
dass der hochgiftige Extrakt, der aus der Wurzel gewonnen wird, zur
Behandlung von Epilepsie und Wahnsinn (womit wir doch wieder
beim Christfest wären) angewendet wurde. Gegen diese Krankheiten
versuchte man also einen Überschuss an schwarzer bitterer Galle zu
produzieren, deren Auswirkung man am besten durch Niesen ent-
gegenwirken konnte. Und ob man es glaubt oder nicht, hat man den
Herren die pulverisierte Wurzel als Niespulver in den Schneeberger
Schnupftabak gemischt. In der Volksmedizin wird die Schneerose
nur noch als Brech- und Abführmittel sowie gegen Wassersucht und

Harnverhalten angewandt. Nun machen Sie sich bitte nicht gleich Sorgen wegen der Giftigkeit der schönen Pflanze, denn es gibt keine nachgewiesene Erkrankung von Kindern oder Erwachsenen als Folge von unerwartetem Verzehr der Wurzel. Es sollte schon mit dem Teufel zugehen, wenn jemand auf die Idee käme, die Pflanze aus dem Topf auszugraben und dann die Wurzel zu waschen und mal eben so zu verspeisen, und das auch noch um diese kalte Jahreszeit. Nein, das kann ich einfach nicht glauben, und schließlich soll sie ja gerade das Haus vor solchen unerwünschten Genossen, wie dem Teufel, schützen.

Eigentlich ist die Hauptblütezeit von Februar bis April, also ist es ganz wichtig, dass Sie jetzt beim Kauf darauf achten, dass Sie noch ganz viele versteckte Blütenknospen unter den schützenden Blättern finden. Am besten drängen Sie die Blätter etwas beiseite und schauen ganz unten in den Topf, dort müssten noch ganz viele kleine, hellgrüne, eingekuschelte Blütenknospen sitzen, die dann die Blütezeit bis in den April verlängern. Es ist auch eine Tatsache, dass die Blüten durch die kalte Jahreszeit besonders lange halten, das gilt natürlich nicht, wenn Sie den Topf mit in die geheizte Wohnung nehmen, wo diese Pflanze übrigens überhaupt nicht gern ist.

Sind die Weihnachtstage überstanden, der ganze Wahnsinn vorbei, die Schwiegermutter wieder abgefahren und der Boden aufgetaut, dann können sie auch die Christrose, die Schneerose oder auch den Nieswurz ganz ohne Bedenken an einen schönen Platz in den Garten setzen. Er wird es Ihnen danken und alljährlich zur Weihnachtszeit seinen himmlischen Einsatz zeigen.

Frohe Weihnachten!...◄

Register

Impressum

© 2012 Verlag Georg D. W. Callwey GmbH & Co. KG
Streitfeldstraße 35
81673 München
www.callwey.de
E-MAIL: buch@callwey.de

*Die Deutsche Nationalbibliothek verzeichnet diese Publikation
in der Deutschen Nationalbibliografie; detaillierte biblio-
grafische Daten sind im Internet über http://dnb.de abrufbar.*

ISBN 978-3-7667-1953-9

LEKTORAT:
Dr. Folko Kullmann/Kullmann & Partner, Stuttgart
UMSCHLAGGESTALTUNG:
Claudia Eder, Konzept und Gestaltung, Augsburg
LAYOUT UND SATZ:
Claudia Eder, Konzept und Gestaltung, Augsburg
DRUCK UND BINDUNG: Kessler Druck und Medien
GmbH, Bobingen
Printed in Germany

FOTOS/PHOTOCASE:
luxuz::.; cw-design; Amapolchen; ditomax; Gortincoiel;
jokebird, bolleone